C=O
NH2
CH3-CH2-CH2-CH3
CH3-COOH
NO2
Al(OH)3 → Al2O3 + 3H2O
HN
N
R1
R2
CN
CN
CH3C
NH2
H
C
C

C=O
NH2
CH3-CH2-CH2-CH3
CH3-COO
NO2
2Al(OH)3→Al2O3+3H2O
R1
HN
N
O
R3
CN
CN
R2
CH3C
O
NH2
H
C
H
C
C
H
C
H

토종생물과 외래생물

대한과학진흥회 _엮음

스완미디어
SWAN MEDIA

책 머리에

오늘날 우리들은 고도로 발달된 과학 문명의 혜택 속에 살고 있습니다.

우리의 선진 조국 창조를 위해 무엇보다 중요한 것이 과학기술의 개발입니다. 특히 자원이 부족한 우리나라에서 가꾸어야 할 유일한 자원은 과학 기술로 무장한 풍부한 인력 자원입니다.

대한 과학 진흥회에서는 배우는 학생들을 위해 사물을 깊이 관찰하는 습관과 합리적이고 창의적인 과학적 사고를 심어 주기 위한 방법의 하나로 과학 문고를 엮어 내고 있습니다.

과학 문고를 펴냄에 있어서 딱딱한 과학지식을 그림을 곁들여 쉽고 재미있게 이야기로 풀어 써서 학생들이 스스로 원리를 발견하고 재미를 느끼게 함으로써 과학의 여러 분야에 대하여 흥미를 갖고 접근할 수 있도록 하였습니다.

이 책과 더불어 많은 학생들이 과학에 깊은 관심을 갖고 탐구심과 창의력을 기르며 과학을 생활화 할 줄 아는 사람이 되는데 많은 도움이 되었으면 하고 바라는 마음 간절합니다.

기획편찬 **대한과학진흥회**

차례

환경오염과 생물_ 10

식물과 동물과 인간_ 33

우리나라의 생태계_ 48

외국에서 온 희귀동물들_ 64

반갑지 않은 외래 생물들_ 82

우리나라의 생물상태_ 98

우리나라의 야생생물과 토종생물_ 122

자연과 생태계 보존을 위한 세계인의 노력_ 154

환경 오염과 생물

우리 인간이 자연을 보호해야 한다고 생각하게 된 것은 언제부터일까요?

산업화가 한창 진행되던 얼마 전까지만 해도 인간은 자연을 지배할 수 있다고 생각하고 있었습니다.

인간은 천연적으로 존재하는 자연을 정복하여 인간이 살기에 알맞도록 변형시키는 것이야말로 가장 훌륭하고 보람된 일이라고 생각했습니다. 인간은 식물이나 동물과 같이 자연적으로 존재하는 먹이에 만족하지 않았습니다.

자연의 형태를 변형시키고 파괴시키더라도 인간이 살기에 편하기만 하면 된다고 생각했던 것이지요. 그래서 인간은 울창한 산림을 밀어내고, 자연 속에서 자유롭게 살아가고 있던

이 산을 깎아
빌딩을 지어야지

동물들을 마구 잡아들였습니다.

이러한 인간의 행동은 끝내 자연 환경과 생물이 서로 협조하며 평화롭게 유지하고 있던 생태계를 마구 파괴하는 결과를 낳고 말았습니다. 지금 우리의 눈앞에 보이는 현실을 생각해 보면 쉽게 알 수 있는 일이지요. 자연은 한번 파괴되고 나면 완전히 복구하기가 어렵습니다.

인간에 의해서 무참히 잘려 나간 수백 년 묵은 나무들은 이제 더 이상 홍수나 산사태같은 자연의 재해로부터 인간을 보호해 주지 않습니다.

동물도 마찬가지입니다. 털가죽이 탐나서, 고기가 탐나서, 농작물을 해친다고, 희귀 동물이니까 하는 여러 가지 이유에서 사람들이 갖가지 동물들을 마구 잡아들여 죽여 버렸기 때문에 지구상의 동물들은 이미 생태계의 균형을 잃은 지 오래되었습니다.

인간이 파괴한 것은 이러한 생물들만이 아닙니다. 생물에게 삶을 공급해 주는 흙이나 물, 공기까지도 마구 변형시키고 오염시킴으로써 생물이 살아가기 어렵게 만들고 있는 것입니다.

생물의 호흡을 위태롭게 만드는 대기 오염은 모두 이간의 잘못에서 비롯되었다고 해도 지나치지 않습니다. 자연이 일으키는 대기 오염은 화산 폭발이나 황사 현상정도뿐입니다. 또 이러한 자연의 대기 오염은 시간이 지나면 자연적으로 정화되는 기능을 가지고 있습니다.

그러나 인간이 일으키는 대기 오염의 원인은 셀 수조차 없을 정도로 많습니다. 그리고 한번 발생한 인공적인 오염은 자연적으로 정화가 되지 않습니다.

인간이 일으키는 대기 오염의 예로는 공장에서 나오는 화학 연기, 가정의 굴뚝에서 나오는 연기와 가스, 도시의 먼지, 쓰레기 소각장에서 나오는 먼지, 자동차 배기 가스 등을 들 수 있습니다.

이러한 유해 공기들은 없어지는 것이 아니라 서로 뭉쳐 다니면서 또 다른 피해를 일으킵니다. 오염된 공기는 날씨를 변화시키고, 햇빛의 독성으로부터 생명체의 건강을 지켜 주는 오존층을 파괴합니다. 또한 식물과 동물의 몸 속으로 흡수되어 생물을 죽음의 늪으로 끌어들이기도 합니다.

대기 오염은 특히 식물에 치명적인 영향을 줍니다.

식물은 다른 어떤 생물보다도 공기의 영향을 많이 받습니다. 특히 이끼나 고사리 같은 식물들은 공해에 민감하기 때문에 공해 정도를 파악하는 데 지표로 사용되기도 합니다. 말하자면 이끼나 고사리 같은 식물들이 살수 없을 정도의 곳은 공해가 매우 심하다고 할 수 있는 것이지요.

뿐만 아니라 오염된 공기는 식물의 대사 작용에 관여하여 식물을 해칩니다. 그래서 공기 오염이 심한 도로의 가로수나 도시의 정원수를 심을 때는 공해에 강한 식물만을 골라서 심어야 합니다. 그래야만 식물들이 살아 남을 수 있기 때문입니

다.

식물의 대사 작용은 동물과 인간이 살아가는데 아주 중요한 역할을 합니다. 식물의 대사 작용이란 식물이 이산화탄소를 섭취하고 산소를 배출하는 광합성 작용을 하는 것을 말합니다. 이와 같은 식물의 광합성 작용은 공기의 오염을 막아주는 역할을 하기 때문에 인간과 동물이 즐겁게 생활할 수 있는 좋은 환경을 만들어 줍니다.

그러나 오염된 공기는 햇빛의 양을 감소시켜 식물의 성장을 가로막습니다. 그래서 식물의 광합성 작용을 방해하는 것입니다. 식물의 광합성 작용이 제대로 이루어지지 않으면, 결국 인간과 동물도 살아 남기 힘들게 됩니다.

오염된 공기는 동물에게도 직접적으로 해를 끼칩니다.

특히 오염된 공기 속에서 자란 풀을 먹은 가축은 치명적인 타격을 받게 됩니다. 그러나 오염된 풀을 먹고 자라는 소나 양의 건강 상태는 눈으로 쉽게 구별할 수 있을 정도로 나빠지기 전까지는 먹이에 의해서 오염되었다는 사실을 알기가 어렵습니다. 오염 물질은 가축의 몸 안에 차곡차곡 쌓여 나가다가, 결국은 그 가축을 죽음으로 몰아넣을 수 있을 만큼 많은 양이 모아졌을 때에야 비로소 그 정체와 위력을 드러내기 때문입니다.

그래서 오염된 가축의 고기가 아무런 규제 없이 인간에게까지 공급될 수 있다는 위험성을 안고 있습니다. 또 오염된 야채도 인간에게 해를 끼칠 수 있습니다.

뿐만 아니라 오염된 공기는 인간에게 직접적으로 피해를 줍니다. 공해가 심한 도시에서 사는 사람이 공기가 맑은 시골에서 사는 사람보다 갖가지 병에 더 많이 시달리고 있는 것만 보아도 잘 알 수 있습니다.

특히 공기가 오염된 지역에 사는 사람은 암이나 동맥경화증, 심장병과 같은 무서운 질병에 걸리기가 쉽습니다.

마찬가지로 물의 오염도 생물을 위협하는 직접적인 원인이 되며, 이것은 다시 흙의 오염과 연결됩니다.

그리고 물이 오염되면 그 물을 섭취하고 사는 식물과 동물도 오염됩니다. 그래서 오염된 강에서 사는 물고기들이 등뼈가 구부러지거나 모양이 변하기도 하는 것을 볼 수 있습니다.

또한 오염된 강물을 정화하여 수돗물로 이용해야 하는 우리 인간에게도 큰 피해를 주고 있습니다.

물의 오염을 일으키는 주범은 바로 인간입니다. 즉 인간만이 유일하게 물을 오염시키는 생물인 것입니다. 인간은 스스로 물을 오염시키는 악역을 맡고 있는 셈입니다. 자기의 잘못된 행동 때문에 자연에 존재하는 모든 물질과 생물이 함께 사용하는 물이 오염되고 있다는 사실을 알면서도, 반성할 줄 모르고 같은 일을 반복하고 있으니 말입니다. 한번 예를 들어 볼까요?

공장에서 버리는 공장 폐수, 가정에서 나오는 가정 폐수, 논과 밭에 뿌리는 농약과 비료 등은 물을 마구 오염시키고 있습니다 그런데 인간들은 아무 생각 없이 그런 일들을 해 오고 있습니다.

이렇게 물을 오염시켜 결국 농병아리나 흰꼬리독수리, 물수리, 수달과 같은 동물들은 거의 멸종 위기에 빠져있습니다. 인간들이 물을 오염시키면 오염된 물에 의해서 식물이 오염됩니다. 그리고 이 식물을 먹은 작은 먹이들이 오염되고 이 먹이들을 먹은 갖가지 동물들도 오염되기 때문입니다.

오염된 물 속에서 사는 물고기들은 인간에게도 직접적인 피해를 줍니다. 실제로 일본에서는 수은에 중독된 물고기를 먹고 많은 사람들이 죽은 일이 있습니다. 물의 오염 중에서도 특히 바닷물의 오염은 심각한 문제입니다. 우리는 아주 넓고 큰 바다를 해양이라고 부릅니다.

해양은 지구 표면의 4분의 3을 차지하고 있으면서 인간에게 무한한 자원과 식량을 공급해 주는 보물 창고와도 같습니다.

그러나 이러한 해양도 육지에서 흘러드는 오염된 강물과 바다에 버려지는 갖가지 폐유 및 방사능 물질로 인해서 심하게 오염되고 있습니다.

그렇다면 지구의 70퍼센트를 차지하고 있는 바다 중에서 가장 심하게 오염된 바다는 어느 곳에 있는 바다일까요?

그 곳은 바로 발트 해입니다. 발트 해는 세계에서 가장 오염된 정도가 심한 바다로 지적되고 있습니다.

그리고 북해도 오염의 정도가 심해 어업을 할 수 없는 바다로 인간에게 외면당한 지 오래 되었습니다.

또한 지중해도 오염된 바다로 손꼽힙니다.

아드리아 해와 트리에스테 만은 해안에 있는 정유 공장과 다른 공장들이 내다 버린 쓰레기 때문에 이미 죽은 바다가 되어 버렸습니다.

바다를 오염시키는 가장 중요한 원인은 폐유입니다.

배의 기름 탱크를 청소하느라고 흘려 보내는 폐유와 유조선

아름다웠던
옛날 바다가
그립다.
결국 죽어서
고향에
왔건만.

의 침몰 등으로 흘러나오는 기름 때문에 넓은 바다가 심각한 오염을 일으키게 되는 것입니다.

이렇게 바다로 흘러나온 기름들은 바닷물과 섞이지 않고, 바다 위에 띠를 이루며 넓게 확산되어 나갑니다. 바닷물이 기름에 오염되면 가장 먼저 피해를 입는 것은 바닷새들입니다.

새의 깃털에는 원래 새의 몸에서 나오는 기름이 배어있습니다. 그렇기 때문에 새의 깃털은 물에 잘 젖지 않습니다. 기름종이를 물에 담갔다가 꺼내도 젖지 않는 것과 마찬가지입니다.

그래서 새들은 물 속으로 다이빙하여 먹이를 잡아먹으며 살 수가 있는 것입니다. 깊고 차가운 물 속으로 다이빙해 들어갔다가 다시 나오더라도 기름이 밴 깃털이 항상 보송보송하게 마른 채로 있기 때문이지요. 즉 새의 몸에서 나오는 생체 기름은 깃털이 물에 젖지 않도록 도와 주는 방수제 역할을 하는 것입니다.

또한 마른 깃털은 새들의 체온을 유지해 주고, 습기로부터도 건강을 지켜 줍니다. 그래서 새들에게는 마른 깃털을 유지하는 일이 무척 중요합니다.

만약 깃털이 젖어 물을 흡수하게 되면 새는 몸이 무거워져서 날 수 없게 됩니다. 그리고 몸이 물에 젖으면 체온이 급격하게 떨어져서 새는 곧 죽게 됩니다.

그런데 오염된 바다 위에 떠 있는 기름이 새의 몸에 달라붙게 되면 깃털이 젖어서 새들은 날 수 없게 됩니다. 그뿐만 아니라 추위와 굶주림을 견디다 못해 끝내는 죽음에 이르게 됩니다.

만약 새의 깃털에 동전 크기만하게 기름이 묻는다 하더라도 그 새는 체온이 낮아져서 곧 죽게 됩니다.

바다를 오염시키는 원인은 또 있습니다. 바로 원자력발전소에서 나오는 따뜻한 물입니다. 원자로를 돌고 나온 따뜻한 물은 대부분 바다에 버려지는데, 이것이 바닷물의 온도를 높이는 역할을 합니다. 그리고 바닷물의 온도가 높아지면 바닷속의 생물들은 더위를 이기지 못하여 죽어 버립니다.

특히 따뜻한 바닷물은 식물성 플랑크톤에게 큰 영향을 미칩니다. 그래서 결국 식물성 플랑크톤이 죽어 버리면 식물성 플랑크톤을 먹고 사는 물고기들도 살 수 없습니다. 그렇게 되면 그 바다는 서서히 생명을 잃어 가는 것입니다.

그 밖에도 인간이 먹고 살 식량을 구하기 위해서 마구잡이로 바다 자원을 남획했기 때문에 이제는 바다가 인류의 보물 창고라는 말을 할 수 없게 되었습니다.

이와 같이 물의 오염은 생물이 살아가는 데 아주 심각한 문제를 일으킵니다.

또한 물과 흙은 뗄래야 뗄 수 없는 관계입니다.

물의 오염과 흙의 오염중에서 더 심각한 것은 무엇일까요?

흙은 땅 위에서 살아가는 생물들에게 없어서는 안 될 자연환경입니다.

흙은 아주 오랜 세월 동안 서서히 만들어지는 자연입니다. 바위와 공기와 물 등이 서로 어우러져 오랜 세월이 지나야만 흙이 만들어지기 때문입니다. 그렇지만 생각이 짧은 우리 인간은 흙의 고마움을 모른 채, 오히려 시멘트로 흙을 덮으려고

그 오랜 세월 너희들을 키워 왔는데 이제는 엉!엉!
당신 없이는 우리도 못살아!

만 했던 적이 있었습니다.

흙은 식물을 자라게 하고 동물을 성장시키며, 인간의 삶을 건강하게 유지시켜 줍니다. 그런데도 우리 인간들은 오히려 흙을 밟지 않고 사는 것이 문명인 것처럼 착각하고 있었던 것입니다.

인간은 여러 가지 방법으로 흙을 없애 버렸습니다. 영양분이 많은 흙을 생산해 내는 수풀과 산림을 없애고, 강과 시내의 가장자리를 모두 시멘트로 덮어 버림으로써 자연적으로 물에 공급되는 산소를 가로막아 버린 것입니다.

시멘트로 덮여 있는 곳에서는 식물이 자랄 수 없습니다. 식물이 자라지 못하는 흙은 아무 쓸모가 없습니다. 그래서 결국은 지구 위의 기름진 흙밭이 사막과 같은 모래투성이로 변해 버리고 있는 것입니다.

식물의 뿌리는 흙을 잘게 부수고, 흙에 생명을 불어넣는 역할을 합니다. 이처럼 식물이 자라는 흙 속이라야만 지렁이나 굼벵이 같은 작은 동물들이 자랄 수 있습니다. 또한 작은 동물들이 흙을 먹고 토해 내는 일을 반복해야만 흙 속에 새로운 영양분이 생겨나 식물을 더욱 잘 자라게 할 수 있는 것입니다.

이와 같이 식물과 작은 동물들이 살아가고 있는 흙은 자연의 재해로부터 인간의 생명을 지켜 주는 역할도 합니다. 풀이나 나무가 없는 흙은 홍수나 산사태에 쉽게 무너져 인간의 목숨과 재산을 앗아갑니다.

흙을 오염시키는 가장 큰 원인은 바로 쓰레기입니다. 농약이나 화학 비료 같은 독성 물질이 흙을 오염시키는 주범이라고 지적할 수 있겠지만, 이보다 더 심각한 원인은 비닐처럼 썩지 않는 쓰레기입니다.

비닐이나 깡통과 같이 썩지 않는 쓰레기를 흙 속에 파묻으면 이것들이 공기를 차단하기 때문에 식물이 살수 없는 환경이 됩니다. 식물이 살 수 없는 흙 속에서 작은 동물이 살 수 없는 것은 너무도 당연한 일입니다.

우리 나라의 땅에 얼마나 많은 쓰레기가 묻혀 있을지 한번 상상해 보세요. 휴가철이나 공휴일이 지난 뒤 텔레비전 뉴스에 나오는 쓰레기들을 보면, 우리 나라의 토양이 얼마나 심각하게 오염되어 가고 있는지 짐작할 수 있습니다.

더욱이 땅 위에 그냥 내버린 쓰레기보다도 땅 속에 묻혀 있는 쓰레기의 양이 더 많은 것을 생각하면 당장이라도 숨이 막혀 오는 것을 느낄 수 있을 것입니다. 그것은 우리의 땅이 숨을 제대로 못 쉬는 것과 같습니다.

이와 같이 자연 환경은 생물의 삶과 직접적인 관련이 있습니다 그러므로 자연 환경의 오염은 생물의 삶을 위협하는 직접적인 원인이 되는 것입니다.

식물과 동물과 인간

그렇다면 생명이 있는 식물과 동물, 그리고 인간은 서로 어떠한 영향을 미치며 살고 있을까요?

자연의 여러 요소 가운데 가장 중요한 위치를 차지하고 있는 생물은 뭐니뭐니해도 역시 식물입니다. 식물이 살지 못하는 곳은 생명이 없는 죽은 곳이나 마찬가지이기 때문입니다.

식물은 흙과 물을 보호합니다. 뿐만 아니라 식물은 흙을 생산하는 역할도 합니다. 식물의 잎이나 부스러기가 땅에 떨어져 썩으면 영양분이 있는 흙으로 변하기 때문입니다.

이와 같이 자연이 살아 있는 환경으로 작용하기 위해서는 반드시 식물이 있어야 합니다. 식물은 태양 에너지와 물, 공기와 같은 자연 재료들을 받아들여 스스로 자랍니다. 그리고 이렇게 자란 몸을 동물의 먹이로 제공함으로써 생태계를 유지시켜 줍니다. 그러므로 식물은 생태계의 기본 조건이 된다고 말할 수 있습니다.

또한 식물은 지구의 생명을 유지시키는 주인공이라고 할 수 있습니다.

식물이 광합성을 통하여 산소를 만들어 내기 때문에 생명체가 살 수 있는 것입니다. 지구에 식물이 나타나기 전에는 지구의 대기 중에 산소가 없었다고 합니다.

만약 식물이 광합성을 통하여 산소를 만들어 내지 않았다면 지구에 어떤 생물이 살 수 있었을까요? 아마도 지구는 생명체가 없는 죽은 별이 되었을 것입니다.

식물과는 달리 동물들은 산소를 마시고 이산화탄소를 내뿜으며 살아갑니다. 그러므로 만약 지구에 산소가 없었다면 동물은 태어날 수 없었을 것입니다.

그렇다면 처음부터 지구의 대기 중에 산소가 있었다면 어땠을까요? 그리고 대기 중에 산소는 어느 정도 있지만, 식물은 없고 동물만 살고 있었다면 어떻게 되었을까요?

물론 처음에는 동물들이 살 수 있었을 것입니다. 그러나 지구 위에 있던 산소는 금방 동이 나 버릴 테고 모든 동물은 질식해서 죽어 버릴 것입니다. 지구 위의 동물들은 산소를 쓰기만 할 뿐 새롭게 산소를 만들어 내지는 못했을 것이기 때문입니다. 그래서 결국은 지구에 있던 산소가 다 떨어져 숨을 쉴 수 없게 된 동물들은 하나씩 죽어 갔겠지요.

그러니 얼마나 다행한 일입니까? 우리가 사는 지구에는 이산화탄소를 먹고 산소를 만들어 내는 식물이 있는가 하면, 산소를 먹고 이산화탄소를 내뿜는 동물이 함께 살아가고 있는 것입니다. 이렇게 완벽한 조화가 또 있을까요?

하지만 지금과 같이 인간이 공기와 물과 흙을 오염시킨다면, 산소를 만들어 내는 식물의 기능이 파괴되어 지구의 멸망이 눈앞에 닥치게 될지도 모릅니다.

특히 아주 오랜 세월 동안 조성된 원시림을 파괴하는 일은 인류의 목숨을 좌우하고 있는 산소 탱크를 파괴하는 일과 같다고 할 수 있습니다.

식물과 동물이 협조하는 일은 또 있습니다.

생물이 살아갈 수 있는 자연 환경을 만들어 내는 식물은 여러 부분에서 동물과 인간의 도움을 받고 있습니다. 즉 식물과 동물과 인간은 서로 의지하고 협조하면서 함께 진화해 나가고 있는 것입니다.

식물은 특히 번식을 할 때 동물과 인간의 도움을 받습니다. 식물은 스스로 움직일 수가 없습니다. 하지만 식물도 번식을 하기 위해서는 자기의 씨앗을 움직여 어딘가에 떨어뜨려야 합니다. 그래서 식물이 번식하는 데는 바람과 같은 자연 환경이 많은 영향을 끼칩니다.

식물에게는 발이 없기 때문에 적당한 때에 스스로 이동할 수 없습니다. 하지만 바람이 식물이 필요할 때마 다 반드시 불어 주는 것은 아닙니다.

그러므로 식물에게는 바람이 불지 않더라도 자기의 씨앗을 퍼뜨릴 수 있는 방법이 있어야만 했습니다. 그래야만 자기 종족을 넓은 지역에 퍼뜨려 번성시킬 수 있기 때문이지요.

이 문제를 도와 준 것이 바로 동물이었습니다. 한 곳에 가만히 있지 못하고 사방을 돌아다니는 동물은 식물이 자기의 씨앗을 먼 곳으로 이동시키기에 적당한 존재였습니다. 다행히 식물의 씨앗 가운데에는 갈고리나 찍찍이 같은 껍질이 있어서 털이 많은 동물의 몸에 붙기 좋은 형태를 하고 있는 것들이 많았습니다. 동물들은 자기의 털이나 몸에 이러한 식물들의 씨앗을 묻힌 채 사방을 돌아다녔습니다. 그리고 먼 곳으로 식물의 씨앗을 전파시켰습니다.

또한 동물은 식물을 먹는 도중에 씨앗을 함께 먹기도 합니다. 이와 같이 동물의 몸 속으로 섭취된 씨앗들은 소화되지 않고 있다가 동물의 배설물을 통하여 다시 밖으로 나옵니다. 더욱이 동물의 배설물에는 씨앗의 싹이 트고 자랄 수 있는 영양분이 많아서 훌륭하게 자랄 수 있게 됩니다.

동물은 또 식물이 열매를 맺는 데도 결정적인 역할을 합니다. 특히 나비나 벌과 같은 곤충들은 식물이 씨앗을 맺는 데 공헌을 세운 주인공들입니다. 이러한 곤충들은 꽃에 맺힌 꿀을 빨아 먹으면서 서로 떨어져 있는 암술과 수술이 만날 수 있도록 도와 줍니다.

그러면 동물끼리는 서로 얼마나 도우며 살아갈까요? 동물의 세계에는 보이지 않는 자연의 법칙이 존재합니다. 그것은 바로 먹이 사슬이라고 부르는 것입니다. 먹이 사슬이란 약한 짐승이 강한 짐승에게 잡아먹히는 자연의 법칙을 말합니다.

동물의 세계를 살펴보면 약한 짐승은 강한 짐승보다 훨씬 수가 많습니다. 그리고 약한 짐승은 강한 짐승보다 새끼를 낳는 횟수도 더 많고 한 번에 낳는 새끼의 수도 훨씬 많습니다.

그렇기 때문에 아무리 강한 짐승에게 잡아먹히더라도 약한 짐승들은 어느 정도의 숫자만큼 항상 살아 남아 다시 새끼를 낳고 종족을 유지하게 되는 것입니다.

그러나 이러한 자연의 먹이 사슬에 인간이 개입하게되면 동물의 생태계가 파괴되어 비정상적인 상태로 되어 버립니다 인간에게 해로운 종류라고 할지라도 자연의 생태계에서는 반드시 필요한 존재이기 때문입니다. 인간에게 해로운 동물이라고 해서 이 세상에 있는 뱀을 모조리 잡아 없애 버린다고 생각해 보세요. 쥐와 같이 작은 동물을 먹이로 삼던 뱀이 없어져 버린다면 이 세상은 온통 쥐의 세상이 될 것입니다.

쥐는 일 년에 몇 번씩이나 새끼를 낳으며, 한 번에 낳는 새끼의 수는 약 여덟 마리가 넘을 정도입니다. 이렇게 번식력이 좋으니 쥐를 잡아먹는 뱀이 없어진다면 세상은 쥐 천지가 될 수 밖에요.

나의 배설물에는
영양분이 많아
씨앗들이 잘 자라.
윽!
하필이면…

또한 인간에게 해를 끼친다고 해서 마구 화학 약품을 뿌려대는 것도 문제입니다. 농약이나 살충제 같은 화학약품들은 인간이 없애고자 하는 해충만을 없애는 것이 아니라 물을 오염시키고, 땅을 오염시키고, 식물을 오염시킵니다 그래서 결국은 인간에게까지 그 피해가 미치게 되는 것입니다.

월남 전쟁 때 미군은 베트남의 우거진 수풀을 제거하기 위해서 공중에서 고엽제를 살포하였습니다. 베트콩이 우거진 수풀 속에서 마구 공격을 해대었기 때문입니다.

미군은 베트콩이 숨어 있는 우거진 수풀만 제거한다면 전쟁에서 이길 수 있을 것이라고 생각했습니다 그래서 풀과 나무를 말려 죽이는 고엽제를 마구 살포한 것입니다.

그러나 그 피해는 엉뚱한 데서 나타났습니다. 베트콩과 싸우기 위해서 투입되었던 미군과 연합군의 병사들이 고엽제에 중독되어 폐인이 되는 심각한 피해를 입게된 것입니다.

식물에 해로운 약이라면 당연히 사람에게도 해로운 것입니다. 그러나 미군은 전쟁에 이길 생각만 하고 고엽제 살포를 단행했습니다. 그 결과 미국은 전쟁에 이기지도 못한 채 귀한 생명만 살상했다는 비난을 받아야만했습니다.

그 뒤 월남 전쟁이 끝나고 오랜 세월이 지났지만, 아직도 고엽제의 피해로 신음하는 사람들은 너무나 많습니다.

이러한 사람들은 우리 주변에도 있습니다. 월남 전쟁에 파병되었다가 고엽제를 직접 맞았던 우리의 국군들은 물론이고 그들의 자손에게까지 그 피해가 이어지고 있는 것입니다. 이것은 모두 생명을 소중하게 생각지 않았기 때문에 일어난 일입니다.

고엽제의 예에서 볼 수 있듯이 식물을 잘 가꾸기 위해서 사용하는 농약이나 비료도 잘 생각해 보고 나서 사용할지의 여부를 결정해야 합니다. 생명을 유지하고 관리하는 일에는 자연에 천연적으로 존재하는 재료를 사용하는 것이 좋습니다

자연 속에는 스스로 균형을 유지하는 힘이 있습니다.

그렇기 때문에 한 가지가 너무 많이 늘어나면 그것을 억제시키는 다른 방법이 나타나게 마련입니다. 이것을 '자연의 정화 작용'이라고 합니다.

그런데 인간이 화학적인 방법으로 만들어 내는 농약이나 살충제와 같은 약품들은 오래 사용하면 할수록 그 약품에 포함되어 있는 독성이 식물과 동물의 몸으로 옮겨져 차곡차곡 쌓이게 됩니다. 이것은 또한 독성이 있는 식물과 동물을 먹은 인간의 몸 속에서도 쌓입니다. 그리고 흙과 물, 공기 속에서도 쌓이게 되지요.

그러나 이러한 독성을 해독할 물질은 자연 속에 존재하지 않습니다. 만약 인간이 해독제를 만들어 낸다고 하더라도, 그 해독제의 성분에 의해서 또 다른 독이 생길 것입니다. 그러므로 인간은 자연을 이용할 수는 있을지 모르지만 자연을 창조할 수는 없다는 사실을 명심해야 합니다.

식물이나 동물을 잘 가꾸고 관리하기 위해서 인간이 할 수 있는 일은 자연의 특성을 잘 관찰하고 연구해서 적당한 자리에 적당한 자연의 요소를 이용하는 것이라고 말할 수 있습니다.

만약 논과 밭에 해충이 많이 있다면 그 해충을 잡아먹는 천적을 기름으로써 문제를 해결할 수 있을 것입니다. 또 한 가지 종류의 동물이 극성스럽게 번식을 한다면, 그 동물을 죽이는 화학 약품을 사용할 것이 아니라, 그 동물을 잡아먹고 사는 육식동물을 풀어놓아 해결할 수 있을 것입니다.

가축을 잡아먹는 사나운 동물이 있다면 그 동물을 멸종시킬 것이 아니라, 가축 우리를 더욱 튼튼하게 정비해야 할 것입니다. 그리고 사나운 동물이 농장 가까이에 다가오지 못하도록 사냥개를 기르거나, 덫이나 함정 등으로 가축을 해치려고 하는 짐승만 잡는 자세가 필요합니다.

그런데 동물이 살아가는 데 가장 중요한 것은 무엇일까요? 그것은 환경입니다.

동물에게는 추위와 더위를 피하고, 새끼를 낳아 기를 수 있는 집을 지을 장소가 있어야 합니다. 그리고 생명을 유지하는 데 필요한 먹이도 구할 수 있어야 합니다. 그래서 동물은 자기에게 맞는 환경을 찾아 수시로 옮겨다닙니다.

그렇다면 이와 같이 동물이 살아가는 데 필요한 조건이 갖추어진 곳은 어디일까요?

그 곳은 갖가지 식물이 무성하게 나 있는 숲과 정글입니다. 숲과 정글이 없다면 많은 동물들은 살 곳을 찾지 못하고 방황하다가 결국은 추위와 굶주림을 못 이겨 멸종해 버리고 말 것입니다.

그런데도 인간들은 이제까지 얼마나 많은 숲과 정글을 파괴해 왔는지 모릅니다.

물론 인간이 살기 위한 집을 짓고 먹이를 얻기 위해서 숲과 정글을 개간하는 경우도 있었습니다. 하지만 인간은 자기들의 삶만 생각했을 뿐, 다른 동물이나 식물의 삶은 생각하지 않았습니다. 그것은 결국 인간 스스로 삶을 서서히 포기하는 것과 같은 결과를 낳게 되었습니다.

하지만 인간은 만물의 영장입니다. 깨달을 줄 알고 반성할 줄 알고, 잘못된 것을 고칠 줄 아는 존재이지요. 인간은 자신의 이익만 생각하고 자연의 생태계를 파괴하는 실수를 저질렀지만, 시간이 흐름에 따라 스스로 환경의 중요성을 깨닫게 되었습니다. 자신들이 파괴한 환경 때문에 어떠한 불행이 일어나게 되었는지를 알게된 것입니다.

그래서 지금은 파괴된 환경을 복구하고 남아 있는 자연을 보호하기 위한 운동이 전세계적으로 활발하게 전개되고 있습니다.

이것은 인류와 지구의 자연을 생각할 때 참으로 다행한 일입니다.

해충 죽이는
데는 농약이 최고지.
뿌려뿌려.
한심한
인간!
농약

멸종위기 야생생물 1급 (포유류)

멸종위기 야생생물이란?
멸종위기에 처했거나, 가까운 장래에 멸종위기에 처할 우려가 있는 야생생물로, 환경부에서 지정하는 생물을 말한다. 지정된 동식물은 불법포획, 채취, 유통 및 보관 등의 행위가 엄격히 금지되며, 3년 주기로 '전국 분포조사'를 실시하는 등 정부의 관리를 받게 된다. 호랑이, 황새, 미호종개 등 총 246종의 생물이 지정되어 있다.

대륙 사슴 : 크기는 노루보다 크며 북한의 백두산사슴보다는 훨씬 작다. 엉덩이의 흰 반점이 백두산사슴과 구별되며, 몸의 반점은 여름보다 겨울에 더 많이 보인다.

산양 : 소과에 속하는 동물. 천연기념물 제217호. 외국산 산양과는 속이 전혀 다르다. 형태적으로 그 특징은 안선이 없는 점이다. 겨울털은 회황색을 띠고 등면의 정중선은 암색이며 모피는 방모상이다

늑대 : 개과에 속하는 동물. 말승냥이라고도 하며, 한자어로는 이리 승냥이와 함께 시랑으로 통칭되었다. 몸 길이는 110~120㎝, 꼬리 길이는 34~44㎝, 뒷다리는 24~25㎝, 귀는 10㎝ 정도이다.

여우 : 개과에 속하는 포유동물. 우리나라 여우는 유럽.북아프리카.아시아.북아메리카에 분포된 레그 폭스다. 술수와 변화를 부리며 인간을 괴롭히는 동물로 인식된 구미호의 설화와 속담도 많이있다.

호랑이 : 생물종 분류로는 고양이과에 속하며 사자, 표범, 재규어와 근연속(Panthera)이다. 검은 가로줄무늬가 특징적인데, 생후부터 성장 후에도 남아 있다. 몸통은 길고 발은 비교적 짧고 코와 입끝의 폭이 좁다. 귀는 폭이 좁고 그 등면은 검은색이며 중앙에 크고 흰 얼룩점이 있다. 수컷은 암컷보다 크고 강한 턱과 긴 송곳니가 특징이다. 발톱의 발달이 좋고 특히 첫째, 즉 엄지발톱이 강력하다. 보통 때에는 발톱집 속에 넣어 둔다

수달 : 족제비과의 포유류. 천연기념물 제330호. 몸 색깔은 갈색과 회색이 대부분이며 유선형의 날렵한 몸으로 물속에서 살아가기 적합한 구조로 되어 있다. 머리부분은 물개처럼 동그랗고 코 주변은 수염이 나 있어 수염으로 물의 흐름을 파악, 먹이를 찾는 역할을 한다.

반달 가슴곰 : 아시아흑곰의 아종이다. 몸길이 약 1.9 m, 꼬리길이 약 8 cm이다. 불곰에 비해 작다. 온몸이 광택 있는 검은색이며, 앞가슴에 반달 모양의 하얀 V자형 무늬가 있다. 이 반달무늬는 개체에 따라 변이가 있어 큰 것도 있고 작은 것도 있으며, 드물게는 반달무늬가 없는 개체도 있다.

스라소니 : 고양이과에 속하는 동물. 우리나라 북부에 드물게 분포되어 있으며, 지대가 높고 바위가 많은 밀림이 뒤덮은 지역에 서식한다. 주의깊고 교활한 동물이다

표범 : 식육목 고양이과의 포유동물. 몸길이 95~150cm, 꼬리길이 60~95cm, 몸무게 30~80kg 정도이며, 대부분 담황색에서 갈색이고 흑색 반점이 있으며 등의 흑색 무늬는 매화 모양이다

우리 나라의 생태계

우리 나라의 생태계 상황은 어떠할까요? 잘 보존되어있을까요? 아니면 마구 파괴되어 있을까요? 그리고 파괴되었다면 누가, 어떠한 과정을 통하여 우리의 생태계를 파괴한 것일까요?

안타깝게도 우리 나라의 생태계는 많이 파괴되어 있습니다. 그리고 이와 같이 우리 나라의 생태계를 파괴한 주범은 바로 우리 자신들입니다

물론 그 어느 누구라도 일부러 자연의 생태계를 파괴하려고 하지는 않을 것입니다. 하지만 '나 하나쯤이야' 하는 생각으로 슬쩍 버린 쓰레기 하나가 결국은 귀중한 우리의 자연과 생태계를 파괴하게 된다는 사실을 우리들은 잊지 말아야 하겠습니

나 하나 똠이야.
딸꾹! 튀한다.
끼이 이잉
끼잉(이하동문)

다.

때때로 자연을 보호하고 인간을 이롭게 한다는 거창한 구호에 가려 생태계의 파괴가 자행되는 경우도 있습니다. 자연을 있는 그대로 두는 것이 아니라 사람이 보기에 아름답게, 또 사람이 당장 이용하기에 편한 상태로 고쳐 버리기 때문이지요.

우리 나라는 예로부터 '삼천리 금수 강산'이라고 불리웠습니다. 산이 많고 물이 맑아 갖가지 동물과 식물이 아름다운 자연을 이루며 평화롭게 살아왔기 때문입니다. 1970년대 초까지만 해도 우리 나라 사람들은 물을 사먹는다는 중동 지방이나 서양 여러 나라의 현실을 믿지 못하였습니다. 또한 물 값이 기름 값보다 비싸다는 말을 듣고 놀라기도 했습니다. 어떤 사람들은 우리 나라의 물과 중동 지방에서 나는 기름을 물물 교환했으면 좋겠다는 제안을 내놓기도 하였습니다.

그도 그럴 수밖에 없는 것이 그 당시만 해도 우리 나라의 방방 곡곡에서는 언제라도 손으로 떠서 마실 수 있는 맑은 물이 흘러 넘쳤던 것입니다.

농부들은 목이 마르면 개울과 시내의 물을 두 손으로 떠서 마셨습니다. 도시에서도 아무런 거리낌없이 수도꼭지에 입을 대고 꿀꺽꿀꺽 수돗물을 마셨습니다.

또한 아이들은 개울에 들어가 첨벙거리며 가재와 송사리를 잡았습니다.

그러나 지금은 어떻습니까?

돈을 주고 물을 사 먹는 것은 이제 낯선 나라의 일이 아닙니다. 우리 나라에서도 끓이지 않고 그냥 먹을 수 있는 물을 사고 팔기 시작한 것입니다.

요즘 세상에 수돗물을 끓이지도 않고 그냥 먹는다는 것은 배앓이를 자청하는 일과도 같습니다. 어떤 집에서는 아예 수돗물을 청소나 설거지, 목욕, 빨래용으로만 사용할 뿐 먹는 물로는 생각지도 않는다고 합니다.

그렇다면 도대체 무엇이 금수 강산이었던 우리 나라의 맑은 물을 이렇게 천대받는 물로 만들었을까요?

그리고 우리 나라 금수 강산의 여러 가지 자연 환경, 즉 깨끗한 공기와 비옥한 흙, 맑은 물, 싱싱한 식물과 건강한 동물들 중에서, 과연 지금의 우리에게 외면을 당하며 천덕꾸러기 신세로 전락한 것은 물뿐일까요?

그렇지 않습니다. 우리 나라의 공기나 흙, 물, 식물과 동물들은 모두 병들어 있습니다. 그러므로 당연히 우리들도 건강할 수가 없습니다.

지금 우리 나라의 좁은 국토에는 7천만 명이라는 많은 인구가 살고 있습니다. 그리고 우리의 국토에는 산을 깎아 내고 물

길을 가로막아 건설한 도시가 세워져 있습니다. 농사를 천직으로 삼던 농촌에도 어느 새 공업화의 물길이 밀어닥쳐 곳곳마다 검은 연기를 내뿜는 공업 단지들이 있습니다.

그리고 우리 나라의 들판은 아파트와 빌딩들로 가득찬 삭막한 도시로 변하였습니다. 도시를 건설하기 위해서 아름드리 나무를 베어 낸 산에는 손가락처럼 가느다란 묘목만이 힘겹게 자라고 있을 뿐입니다.

그리하여 우리 나라의 생태계는 균형을 잃고 파괴되어 가고 있습니다.

식물이 살 수 없으니 흙은 사막처럼 황폐해졌습니다. 동물의 숫자도 자꾸만 줄어들어 가고 있습니다. 흙을 살찌우는 작은 동물과 미생물들은 화학 약품에 숨을 허덕이다 죽어 가고 있습니다.

이렇게 국토의 생물들이 죽어

가고 있으니 그 곳에 함께 살고 있는 인간도 건강할 리가 없습니다.

그리하여 우리 나라의 환경은 더 이상 자연이 아니라고 말하는 사람들마저 있습니다. 우리 나라의 환경은 자연이 아니라 다만 인간의 환경일 뿐이라는 것입니다. 이것은 우리 주변의 모든 환경이 무생물적인 인공 환경으로 바뀌었다는 뜻입니다. 즉 우리가 살고 있는 곳은 오로지 인간의 과학 기술이 만들어 낸 인공 동굴 속이라는 것이지요.

인류는 기계의 발명으로 이루어진 산업 혁명을 통하여 눈부신 문명을 이룩하였습니다. 100여 년이라는 짧은 기간 동안에 지금과 같은 엄청난 문명을 이룩할 수 있었던 것은 자연의 희생을 볼모로 삼았기 때문입니다. 그러나 자연을 볼모로 삼는 데는 한계가 있습니다. 지금이 바로 그 한계에 도달한 시점입니다.

그럼에도 불구하고 인간의 번영은 더 많은 자원을 필요로 합니다. 더 많은 식량과 더 많은 생활용품과 더 많은 자연 자원을 요구하는 것입니다.

사람들은 자연 자원이 고갈된 지금에서야 '자연은 선조에게서 물려받은 유산이 아니라 후손에게서 빌려온 빚'이라는 사실을 깨닫게 되었습니다.

특히 우리 나라는 좁은 국토 안에서 일제 시대와 한국 전쟁이라는 두 번의 참사를 겪은 후에 오늘날과 같은 경제 발전을 이루기 위하여 그 동안 피나는 노력을 한 것이 사실입니다. 그리고 그 노력의 결과로 지금과 같은 발전을 이루게 되었습니다.

1950년대 이후 지금까지의 60년 동안, 우리 나라의 인구는 무려 4천만 명이나 증가하였습니다. 그리고 지난 60년 동안 우리의 삼천리 금수강산은 공업 단지와 도시로 변하였습니다.

하지만 이러한 모든 일들은 우리 국토의 파괴와 자연환경의 약탈을 볼모로 삼아 이룩한 일이었습니다.

물론 경제 발전이라는 과제는 사람이 살아가는 데 얼마나 중요한 일인지 모릅니다. 경제가 발전하고 나라가 부강해져야만 모든 사람들이 굶주림과 몹쓸 병에서 벗어나 행복하고 안락한 생활을 누릴 수 있는 것입니다. 하지만 우리 나라 사람들은 국가 경제를 부흥시키고 부자가 되기 위한 목표에만 너무 신경을 썼습니다. 그래서 무분별하게 국토의 자연 환경을 파괴하고 있다는 사실을 잘 깨닫지 못했습니다.

우리 나라의 기름진 흙은 빌딩을 짓고, 도로를 건설하고, 공장을 세우기 위해서 모두 시멘트와 아스팔트로 뒤덮여 버렸습니다.

또한 국토 개발 사업이라는 거창한 목표 아래 인간의 생명을 유지시켜 주는 동식물의 서식처도 마구 파괴되고 있습니다.

그리하여 이제 빼어난 아름다움을 자랑했던 우리의 해안 경치는 어디론가 사라져 버리고, 이름난 항구나 해안마다 검은 연기와 독성 있는 폐수를 내뿜는 공업 단지들이 들어서게 된 것입니다.

또한 강을 정비한다는 이름 아래 실시된 하천 개발 때문에, 구비구비 넉넉하고 자연스러운 흐름을 가졌던 강도 숨이 막힌 듯한 호수로 변해 버렸습니다.

이러한 사실은 한강 개발이라는 이름으로 온통 시멘트로 단장되어 버린 한강 주변을 살펴보아도 잘 알 수 있습니다.

강이 강답기 위해서는 적당한 굴곡이 있어야 하고, 바위와 여울과 폭포가 많이 있어야 합니다. 그래야만 물의 흐름이 적당하게 조절되고, 물 속으로 산소의 공급이 수월하게 이루어집니다.

즉 강을 이루는 물이 여울을 통과하면서 산소를 발생시키고, 다시 바위와 자갈에 부딪치고 씻기면서 물 속에 있는 오염물질을 흡수하거나 분해하게 되는 것입니다.

이런 과정을 통하여 물 속으로 산소가 공급되어야만 물 속의 식물과 동물이 숨을 쉴 수 있습니다. 그리고 물 속에 사는 동물들이 제 몸을 쉬게 하고 새끼를 낳아 기를 수 있는 보금자

적당한 굴곡과
여울과 폭포가
있어야 강이
강 답지.

리가 생기게 됩니다.

강가에는 특히 갈대와 같은 수초가 많이 있어야 합니다. 이러한 수초들은 강으로 유입되는 공해 물질을 흡수하고 분해하는 자연의 정화 작용을 합니다. 또한 홍수가 났을 때는 강둑에 자리잡고 있는 식물의 뿌리가 흙이 무너지는 것을 막아 줍니다.

하지만 시멘트에 뒤덮혀 직선으로 뻗어 있는 우리의 강변은 강을 죽음으로 몰아넣고 있습니다.

직선으로 곧게 정리된 한강변은 강물의 흐름을 막아 한강을 강이 아닌 호수처럼 만들어 버렸습니다. 그래서 강에 사는 물고기들은 한강을 떠나 버렸고, 오직 호수에 사는 물고기들만이 한강을 지키고 있습니다.

더욱이 한강의 고수 부지에 마련된 놀이터에서 사람들이 즐기다가 아무 생각 없이 버리고 간 갖가지 쓰레기들은 그나마 한강을 지키고 있는 동식물의 목숨을 시시각각으로 위협하고 있습니다.

그런데 이러한 한강의 하류에 유일하게 자연의 생태계가 유지되는 곳이 있습니다. 그 곳은 바로 밤섬입니다. 밤섬에는 사람의 통행이 엄격하게 제한되기 때문에 한강을 찾아드는 동물들의 보금자리가 되고 있습니다. 그리고 밤섬 주변에는 갈대와 버드나무들이 자리잡고 있어서 온갖 폐수와 쓰레기로 뒤덮인 한강물을 조금이나마 정화하는 역할을 하고 있습니다.

버드나무는 물의 오염이 심할수록 뿌리를 길게 뻗습니다. 그리고 축 늘어진 가지를 물 속으로 집어 넣고, 줄기와 잎을 통하여 강물의 오염 물질을 흡수합니다. 이러한 버드나무의 뿌리와 줄기는 홍수로부터 강변을 지켜주는 역할도 합니다.

그래서 밤섬과 가까운 위치에 있는 원효대교 주변의 수질을 비교해 보면, 밤섬 주변의 물이 원효대교 주변의 물에 비해서 훨씬 오염 정도가 덜하다고 합니다.

이렇게 밤섬 주변에 나 있는 버드나무와 갈대들은 밤섬을 지켜 주는 파수꾼 역할을 합니다. 그렇기 때문에 밤섬에는 159가지의 각종 식물이 분포해 있고, 갖가지 곤충과 철새들이 찾아드는 것입니다.

하지만 고수 부지에서 날아온 풍선끈이나 연실 등이 새의 깃털과 날개에 엉겨 붙어 마치 톱처럼 새의 날개를 잘라 버리는 일도 생깁니다.

또한 사람이 물가에 마구 버리는 쓰레기들은 물 바닥에 가라앉아 물 속의 산소와 물 바닥의 산소의 교류를 가로막는 역할을 합니다. 그래서 결국은 물 속에서 자연적으로 이루어지는 자연 분해를 통한 자연 정화가 이루어지지 못하게 만듭니

다. 썩은 물로 만들어 버리는 것입니다.

그리고 음식 찌꺼기나 축산 폐수가 마구 버려지고 있는 곳에서는 '부영양화'라 부르는 현상이 일어납니다. 부영양화란 물 속에 많은 찌꺼기가 배출됨으로써 산소가 차단되어 결국 물의 바닥에서부터 썩어 들어가는 현상을 말합니다.

특히 골프장이 있는 주변의 개울이나 샛강에서는 이러한 현상이 많이 일어납니다. 골프장의 잔디를 가꾸기 위해서 많은 양의 비료를 사용하기 때문입니다. 이러한 비료 성분들이 강으로 흘러 들어 강물의 부영양화를 일으킵니다.

부영양화가 일어난 물에서는 어떤 생물도 살지 못하고, 오직 이끼처럼 보이는 녹색의 물풀만이 무성하게 자라납니다. 이와 같이 오염이 심한 강물에서는 보기에도 섬뜩한 이상 생물체가 출현하기도 합니다.

예를 들면 낙동강 등지에서는 언제부터인가 정체를 알 수 없는 민물태형 동물이 군데군데 출현하고 있습니다.

이 동물의 겉모양은 마치 물에 퉁퉁 불은 투명한 해삼처럼 생겼는데, 만져 보면 묵같이 으스러져서 무척 불쾌한 느낌을 줍니다. 그러나 이 동물의 정체를 아는 사람은 아무도 없습니다. 다만 오염된 물에서 스스로 생겨난 미생물의 일종이라고만 이야기할 뿐입니다.

이와 같은 생태계의 파괴는 우리 나라처럼 경제 개발을 우선적으로 추진하고 있는 나라에서 공통적으로 나타나고 있습니다.

우리 나라에서도 경제 개발과 도시 건설에 따른 여러가지 활동 때문에 심각한 환경 오염은 물론이고 갖가지생물이 균형을 이루었던 생태계마저 파괴되고 있습니다.

우리 나라의 생태계는 어떤 실정에 놓여 있을까요?

우리 나라에서는 아직 생태계의 상황이 자세하게 조사되어 있지 않습니다. 환경의 중요성을 깨닫게 된 지가 얼마 되지 않았기 때문입니다.

하지만 우리 나라에서도 지금까지 조사한 내용을 토대로 하여 생태계의 동식물들을 멸종 위기에 처해 있는 동식물과 사람들의 눈에 잘 띄지 않는 희귀종, 시급하게 보호해야 할 천연기념물 등으로 지정해 나가고 있는 중입니다.

그 내용을 살펴보면 우리 나라의 포유 동물은 93종 중에서 20퍼센트가, 조류는 371종 중에서 13퍼센트가 멸종 위기에 처해 있습니다.

또한 254종의 나비 중에서 10퍼센트가 이미 멸종되었거나 찾아보기 힘든 희귀종으로 기록되고 있으며, 118종이 넘는 식물이 멸종되어 버렸거나 멸종 위기에 놓여있다고 보고되었습니다.

이러한 현실을 생각해 보면 우리 나라에서도 앞으로는 경제 발전을 추진할 때 깨끗한 환경을 보존하는 일에도 더 많은 노력을 기울여야 할 것입니다.

인간의 삶은 이제 더 이상 돈으로만 해결되지 않습니다. 아무리 돈이 많다 하더라도 깨끗한 공기와 맑은 물과 기름진 땅을 살 수는 없습니다. 또한 싱싱한 식물과 건강한 동물을 하루아침에 길러 낼 수도 없습니다.

자연 환경은 모든 사람이 오랜 세월을 두고 정성과 노력을 다할 때 에야만 보존할 수 있는 소중한 재산인 것입니다.

외국에서 온 희귀 동물들

그 동안 생태계의 파괴는 세계 곳곳에서 이루어져 왔습니다.

지금 세계 각국에서는 자연 보호와 생물 보호를 위해서 많은 노력을 기울이고 있습니다. 멸종되어 가는 식물과 동물을 보호하고, 공해로부터 자연 환경을 구하자는 노력이 선진국에서부터 벌어졌습니다.

특히 세계 여러 나라 사람들은 공해 추방에 못지않게 멸종되어 가는 희귀 동물들을 보호하는 일에 힘을 쏟고있습니다. 그래서 이러한 희귀 동물들은 매우 귀중하게 다루어지고 있으며, 어느 곳에서는 사람보다도 더 귀한 대접을 받고 있기도 합니다.

중국에서 우리 나라를 찾아온 손님인 리리와 밍밍도 그 중의 하나랍니다.

리리와 밍밍은 귀여운 팬더입니다.

팬더는 중국에서만 살고 있는 곰을 닮은 동물로, 아주 희귀한 짐승입니다. 뭉실뭉실한 몸매에 하얗고 까만 털을 가진 팬더는 정말 귀여운 곰인형처럼 보입니다. 그래서 별명도 '살아있는 인형' 이지요.

다 자란 팬더는 몸길이가 약 1.6미터 정도 되고 몸무게는 75~160킬로그램 정도 나갑니다. 하지만 우리 나라에 온 리리와 밍밍은 아직 다 자라지 않은 팬더입니다. 성인이 되지 않은 청소년기의 팬더라고 할 수 있지요.

팬더는 주로 대나무 잎을 먹고 삽니다. 하지만 간식으로 우유나 과일, 그리고 사육사 아저씨들이 만들어 주는 영양가가 높은 떡을 먹기도 합니다.

암놈인 리리는 몸매에 신경을 쓰는지 우유와 과일을 좋아해서 몸무게가 50킬로그램 정도 나가지만 수놈인 밍밍은 살찌는 음식을 좋아해서 몸무게가 무려 80킬로그램이 넘는다고 합니다. 그래서 동물원 사육사 아저씨들은 밍밍에게 다이어트를 시키려 하고 있습니다.

리리와 밍밍은 잠자는 모습도 아주 다르다고 합니다.

리리는 얌전하게 앉아서 자든가 아니면 네 발을 뻗고 엎드려서 잠을 잡니다. 하지만 밍밍은 네 발이 하늘 위로 향하도록 벌렁 누워서 자든가 아니면 두 앞발로 눈을 꼭 가린 채 잠을 자는 버릇이 있습니다.

리리와 밍밍은 용인에 있는 자연 농원에서 살고 있습니다. 그래서 전국에 있는 어린이들 모두가 리리와 밍밍을 만날 수는 없습니다. 서울에 살고 있는 어린이들이나 용인과 가까운 지방에 살고 있는 어린이들만이 겨우 만나게 될지도 모릅니다. 그것도 부모님께서 큰맘 먹고 어린이들을 자연 농원으로 데리고 가 주셔야 합니다. 혹시 또 모르지요. 정말로 운이 좋은 친구들이라면 수학여행때 팬더를 만날 수 있을지도.

그런데 안타깝게도 리리와 밍밍은 우리 나라에서 언제까지나 살 수는 없습니다. 중국이 우리 나라에 우호를 표시하기 위해서 빌려 준 우정의 선물이기 때문입니다.

팬더는 중국에서만 사는 희귀 동물입니다. 그래서 중국에서는 팬더를 아주 귀중하게 보호하고 있습니다. 그리고 중국 정부에서는 이웃 나라에 긴밀한 우호를 표시하는 뜻에서 가끔 팬더를 한 쌍씩 선물합니다.

그러나 이것은 팬더를 그 나라에 영원히 주는 것이 아니라 일정 기간 동안만 빌려 주는 것입니다. 그 기간이 지나면 팬더는 다시 중국으로 돌려 보내지게 됩니다.

우리 나라는 중국으로부터 열 번째로 팬더를 선사받은 국가입니다.

우리 나라에서 리리와 밍밍을 만날 수 있는 기간은 10년 동안입니다. 10년 뒤에는 리리와 밍밍을 고향인 중국으로 돌려 보내야 합니다. 뿐만 아니라 리리와 밍밍이 결혼해서 새끼를 낳으면 그 새끼 팬더도 낳은 즉시 중국으로 보내 주어야 합니다.

참으로 안타까운 일입니다. 귀엽고 예쁜 팬더를 우리나라에서 영원히 살게 하고, 또 보고 싶을 때는 언제든지 찾아가서 만날 수 있다면 얼마나 좋을까요?

더욱이 리리와 밍밍이 자라서 결혼을 하고, 또 귀여운 새끼 팬더를 많이 낳는다면 정말 좋을 것입니다. 그 새끼 팬더를 중국으로 보내지 않고 우리 나라에서 기를 수만 있다면 더 이상 바랄 것이 없겠지요.

또한 팬더의 수가 늘어나서 지방에 있는 동물원마다 보낼 수 있다면 지방에 있는 여러 친구들도 팬더와 만날 수 있게 될 것입니다. 그러다 보면 나중에는 팬더가 강아지처럼 집집마다 기르는 애완 동물이 될 수도 있지 않을까요?

하지만 이러한 우리의 바람은 이제 영영 이루어지지 못할 것입니다.

팬더는 세계적으로 보기 드문 희귀 동물입니다. 그렇기 때문에 세계인이 지켜야 하는 야생 동물 보호법에서는 아무나 팬더를 소유할 수 없도록 지정해 두고 있습니다

또한 팬더를 기르고 있는 사람들도 팬더를 자기 마음대로 다룰 수 있는 것이 아니라 법으로 정해진 조건에 따라 보호해야만 합니다.

이러한 야생 동물 보호법이 생기기 전에는 팬더가 멸종 직전까지 갔던 적이 있습니다. 모두 야생에서 살고있는 팬더를 잡아들여 돈을 벌려던 사람들 때문이었습니다.

이러한 사람들은 팬더를 마구 잡아들이고, 심지어는 무참하게 죽이기도 했습니다. 그래서 팬더라는 종류의 동물이 지구상에서 사라질 위기가 닥쳤던 것입니다.

그런데 이러한 일이 팬더에게만 벌어진 것은 아닙니다. 오히려 이러한 역경을 이겨 내고 인간의 보호를 받게 된 팬더는 행복한 동물인지도 모릅니다.

인간의 욕심 때문에 지구상에서 영영 모습을 감춰 버린 동물들은 셀 수 없이 많습니다. 어디 동물뿐인가요? 산과 들에 탐스럽게 피어 청초한 아름다움을 보여 주었던 갖가지 식물들도 대를 잇지 못하고 영영 멸종되어 버렸습니다. 정말 안타까운 일입니다.

리리와 밍밍 말고도 우리 나라를 찾아온 귀중한 손님이 또 있습니다. 러시아에서 온 백두산호랑이 한쌍입니다. 추운 시베리아 벌판과 백두산을 넘나들며 용맹스러움을 자랑하던 우리 나라의 호랑이가 이제 따뜻한 남쪽 나라 고향을 찾은 것이지요.

백두산호랑이는 과천에 있는 서울 대공원에서 만날 수 있었습니다. 하지만 지금은 번식을 위해서 광릉 수목원에 있는 야생 동물원의 특별 우리에서 지내고 있습니다. 그래서 우리들은 얼마 동안은 백두산호랑이를 만날 수 없습니다.

다행스럽게도 백두산호랑이는 우리 나라에 영원히 기증된 것이어서 번식기가 지나면 다시 만날 수 있게 됩니다. 그리고 새끼호랑이가 많이 태어나면 지방의 동물원에도 보내지게 될 것입니다.

백두산호랑이가 서울 대공원에 있을 때 많은 사람들이 우리 안에 있는 호랑이를 보기 위해서 대공원을 찾아갔습니다. 어린이들은 물론이고, 어른들도 그 유명한 백두산호랑이를 직접 보기 위해서 공원을 찾았습니다. 공원을 찾아간 사람들은 새로 마련된 호랑이 우리 앞에서 떠날 줄 모른 채 감탄하고 또 감탄했습니다.

뼛속을 뚫고 들어올 듯한 북풍 한설을 아랑곳하지 않고 광활한 시베리아 벌판을 오가면서 포효했던 시베리아호랑이의 피를 그대로 이어받은 백두산호랑이는 무더운 열대 지방에서 사는 벵골호랑이나 인도차이나호랑이들과는 아주 달랐습니다.

이마에 '임금 왕(王)' 무늬가 뚜렷하게 드러나 있고, 매서운 눈매로 사방을 휘둘러 보는 백두산호랑이의 그 위엄 있는 모습 앞에서 사람들은 시베리아 벌판을 누비며 조국의 독립을 위하여 싸웠던 우리의 선조들을 기억해 내기도 하였습니다.

하지만 이러한 시베리아호랑이도 이제는 아주 희귀한 동물이 되어 버렸습니다. 사람들이 마구 잡아 죽였기 때문입니다. 특히 시베리아호랑이는 호랑이 중에서도 몸집이 가장 크고 털의 무늬도 화려하여 호랑이 밀렵꾼들의 표적이 되었습니다.

밀렵꾼들은 잡은 호랑이의 가죽을 벗기고, 기름을 짜고, 뼈를 꺾는 등 온몸을 난도질했습니다.

지구상에는 원래 8가지 종류의 호랑이가 살고 있었습니다. 그러나 지금은 5종류밖에 남아 있지 않습니다.

세계에서 가장 작은 호랑이였던 발리호랑이는 이미 1940년대에 사라져 버렸으며, 카스피 해에서 터키에 이르는 지역을 지배했던 카스피호랑이도 1970년대를 마지막으로 이제는 찾아볼 수 없게 되었습니다. 또한 1980년대에 이르러서는 동물학자들이 인도네시아에서 살던 자바호랑이를 한 번도 보지 못했다고 보고했습니다.

이것은 곧 자바호랑이가 멸종했다는 것을 의미합니다. 그러므로 발리호랑이와 카스피호랑이, 자바호랑이 등 3가지 종류의 호랑이는 지구상에서 아주 멸종되어 버린 것입니다.

지금 남아 있는 호랑이는 수마트라호랑이와 인도차이나호랑이, 시베리아호랑이, 벵골호랑이, 남중국호랑이뿐입니다. 그 중에서 남중국호랑이는 약 50마리 정도가 남아 있으므로 거의 멸종 위기에 놓여 있다고 말할 수 있습니다.

멸종 위기에 놓이기는 시베리아호랑이도 마찬가지입니다. 특히 소련이 해체되면서 시베리아호랑이의 멸종속도는 더 빨라지고 있는 형편입니다.

소련의 지배 아래에서는 국가 권력을 이용하여 강력하게 호랑이 밀렵 행위를 단속할 수 있었지만, 소련이 해체된 지금 가난한 동구권 사람들이 많은 돈을 벌기 위해 너도 나도 호랑이 밀렵에 나서고 있기 때문입니다. 그러므로 이러한 상태가 계속된다면 얼마 지나지 않아 시베리아호랑이도 지구상에서 그 모습을 감춘 채 멸종해 버리고 말 것입니다.

이러한 호랑이의 멸종 위기를 막기 위하여 세계 여러나라에서는 호랑이를 보호하기 위한 운동을 활발하게 펼치고 있습니다.

희귀 동물인 팬더와 백두산호랑이가 육지에서 찾아온 손님이라면 해달은 멀고 먼 바다에서부터 우리를 찾아온 손님입니다.

해달은 서울 63빌딩에 있는 해양 수족관에서 살고 있는데, 해양 동물 중에서 유일하게 도구를 사용할 줄 아는 동물입니다.

해달은 족제비과의 물짐승입니다. 몸길이는 약 1미터정도이고, 온몸에 긴 털이 빽빽하게 나서 추운 알래스카 근처의 바닷물에서도 아주 잘 견딥니다.

해달의 몸에는 아주 부드러운 솜털이 많아서 모든 털가죽 중에서 가장 좋은 털가죽으로 인정받고 있습니다. 그래서 해달도 팬더와 백두산호랑이처럼 멸종 위기에 놓여 있습니다.

해달은 무척 조심성이 많은 동물입니다. 주둥이에 긴수염이 송송 나 있는데, 까만 눈망울이 몹시도 순해 보여서 겁이 많을 것 같아 보이는 짐승이지요. 실제로도 해달은 아주 깔끔하고 조심성이 많은 짐승입니다.

해달의 반질반질한 코와 주둥이, 발바닥 등은 아주 매끈매끈하게 생겼습니다.

해달은 주로 바다 한가운데서 생활합니다. 집도 바다가운데 있는 바위 주변에 짓습니다. 해달은 수놈 1마리가 암놈 1마리를 거느리는 일부 일처제 동물입니다.

해달은 바다에서는 아주 활발하게 행동할 수 있지만 육지에서는 빨리 움직이지 못합니다. 뒷다리가 앞다리에 비해서 몹시 길고 지느러미 모양의 물갈퀴가 달려 있기 때문에 물 속에서는 헤엄을 잘 칠 수 있는 것입니다.

그런데 해달은 짧은 두 개의 앞다리를 이용하여 도구를 사용할 줄 아는 동물입니다. 바닷속에서 건져 올린 조갯살을 먹을 때면 이러한 해달의 모습을 잘 관찰할 수 있습니다.

해달은 주로 오징어나 문어, 낙지 같은 연체 동물이나 새우, 가재, 게 등과 같은 갑각류, 성게와 같은 극피류등을 먹고 삽니다. 그 중에서 해달이 가장 좋아하는 먹이는 조개입니다.

하지만 해달에게 잡힌 조개는 단단한 껍데기를 꽉 다물고 있기 때문에 여간해서는 그 안에 들어 있는 영양가 많고 맛있는 조갯살을 먹을 수 없습니다.

이 때 만약 해달이 사람이라면 날카로운 칼 끝을 조개의 다문 껍데기 사이로 밀어넣고 벌릴 수 있겠지요. 하지만 동물들은 그렇게까지는 못 합니다.

만약 다른 동물이라면 어떻게 했을까요? 애써 잡은 조개를 다시 바닷속으로 집어 던지고 말 것입니다.

하지만 해달은 다릅니다.

조개를 잡아 올린 해달은 물 위로 배를 드러내고 반듯이 눕습니다. 그리고는 평평하게 생긴 작은 돌을 가슴쯤에 올려 놓고, 두 손으로 조개를 잡아 돌에 내리칩니다. 그러면 아무리 단단한 조개 껍데기라도 돌멩이에 부딪쳐 깨지게 마련이지요.

그렇게 해서 해달은 맛있는 조갯살을 냠냠 먹을 수 있는 것입니다. 이렇게 조개를 깨 먹기 위해서 바다에 사는 야생 해달은 항상 납작하고 평평한 작은 돌을 가슴에 올려 놓고 다닌답니다.

만약 조개를 부딪쳐 깰 만한 돌을 구하지 못했다면 해달은 어떻게 할까요? 조개를 포기하고 바다에 던져버릴까요?

그렇지 않습니다. 해달은 정말 영리한 동물이거든요. 돌이 없더라도 해달은 조개 두 개를 이용하여 훌륭하게 식사 준비를 할 수 있답니다. 먼저 조개 하나를 배 위에 올려 놓고 다른 조개를 내리쳐서 껍데기를 깨는 것이지요.

해달은 몹시 깔끔한 동물입니다. 먹이를 먹을 때면 몸을 뱅글뱅글 돌려 손에 든 것을 자주 물 속에 넣고 깨끗이 씻는답니다.

특히 게를 먹을 때면 해달이 얼마나 깔끔한 동물인지를 알 수 있습니다. 해달은 먼저 게의 다리를 껍데기째 맛있게 씹어

먹습니다. 그러고 나서는 게의 몸통 껍데기를 벗겨 냅니다.

게의 몸통 속에는 내장이나 배설물 같은 더러운 물질이 들어 있습니다. 이것을 그냥 먹을 해달이 아니지요. 해달은 몸을 물 속에 집어 넣어 뱅글뱅글 돌리면서 손에 들려 있는 게의 배설물을 씻어 냅니다. 그리고는 맛있는 살만 골라 깨끗하게 발라 먹습니다.

또 오징어를 먹을 때면 해달은 앞발로 오징어를 쥐고 날카

로운 이빨로 길게 쭉 찢어 가면서 먹습니다. 그리고 마찬가지로 자주 물에 씻어 먹습니다.

해달은 대식가입니다. 해달은 매일 자기 몸무게의 4분의 1

정도 되는 무게의 먹이를 먹어 치웁니다. 그러니까 30킬로그램 정도 나가는 해달이라면 매일 7킬로그램 정도의 먹이를 먹는 거지요.

해달은 또 자식에 대한 사랑이 지극한 동물이기도 합니다. 해달은 바다 위에 누워 두 팔로 새끼를 안아 젖을 먹입니다. 그리고 먹이를 먹일 때도 자기 입으로 잘게 씹은 뒤 새끼에게 먹여 줍니다. 새끼는 아직 소화를 잘 시킬 능력을 가지고 있지 못하기 때문입니다. 그래서 어미해달은 먹이를 입 속에 넣어 소화액을 바르고 잘게 씹은 뒤 새끼에게 먹이는 것입니다.

해달은 북태평양 연안에 삽니다. 특히 알래스카 주변과 캄차카 반도 근처에서 주로 사는데, 세계적으로 보호되어야 하는 희귀 동물에 속합니다.

해달의 부드러운 털가죽은 외투와 모자 등에 사용되는 최고급의 원료로 취급되기 때문에 북태평양 연안이나 알래스카 주변, 캄차카 반도 주변에서는 해달을 잡으려는 밀렵꾼들이 극성을 부리고 있습니다.

그래서 해달이 살고 있는 바다를 관리하는 국가들인 미국과 소련, 일본 등의 나라에서는 서로 협력하여 해달을 보호하는데 앞장서고 있습니다.

멸종위기 야생생물 1급 (파충류, 양서류)

맹꽁이 : '쟁기발개구리'라고도 한다. 몸길이 약 4.5㎝이다. 몸통은 팽대되어 있고 머리 부분은 짧아 몸 전체는 둥글다. 등면에 작은 융기가 산재하고, 황색 바탕에 청색을 띤다. 머리 부분에 검은색의 대리석 무늬가 있으며, 가슴과 몸통 뒤끝에 이르는 부분에 검은색 얼룩 무늬가 있다. 등면에 있는 작은 융기 주위는 검은색으로 둘러싸여 있다. 몸통의 배면을 이루는 바탕색은 황색이고, 양 옆에 연한 검은색을 띤 대리석 모양의 얼룩 무늬가 있다.

비바리뱀 : 몸길이 약 60cm이다. 몸빛깔은 등쪽이 연한 갈색이며 윤기가 있다. 머리에는 짙은 노란색 무늬가 있고, 입술 근처에는 잿빛을 띤 흰색 점무늬가 있다. 정수리 아래부터 목부분 제8 비늘까지는 검은 점무늬가 끝쪽으로 갈수록 가늘어지면서 퍼져 있다. 배쪽은 연노랑빛이 섞인 흰색이며 갈색 점이 흩어져 있다. 치식은 상악골 35개, 구개골 20개, 익골 24개, 치골 45개이다. 전체적인 생김새는 대륙유혈목이와 비슷하나 이보다 조금 더 크다.

남생이 : 등딱지에 세로 도드라기가 세 개 있어 붉은귀거북과 잘 가려진다. 괴롭히면 겨드랑이에서 냄새가 난다. 흔히 6~7월에 물가에서 떨어진 밭에 알을 낳는다. 천연기념물 제453호이자, 멸종 위기종 2급이다. 우리나라 민물거북 중 등딱지가 가장 단단해서 수달 같은 사냥동물들이 쉽게 먹을 수 없다.

멸종위기 야생생물 II급 : 자연적 또는 인위적 위협요인으로 개체수가 현저하게 감소되고 있어 현재의 위협요인이 제거되거나 완화되지 아니할 경우 가까운 장래에 멸종위기에 처할 우려가 있는 야생생물

구렁이 : 다양한 무늬를 가지는 종으로 현재 황구렁이와 먹구렁이의 아종으로 나뉘어 있다. 10월 하순경에 동면에 들어가며, 4월부터 보이기 시작한다. 설치류를 비롯한 소형 포유류와 새, 새알을 주로 먹는다. 다람쥐, 청설모까지 잡아 먹으며 몸통으로 조여서 머리부터 통째로 삼킨다. 고산지역부터 민가의 돌담까지 서식장소가 넓게 형성되며, 계절에 따라 이동하는 경향이 있다. 고 알려져 있으나, 민가근처에서 겨울잠을 자는 개체도 있다.

수원 청개구리 : 몸의 길이가 25~40mm로 한국에 서식하는 개구리 중 가장 작다. 등은 초록색을 띠지만 진한 초록색이나 흑갈색을 띤 불규칙한 무늬를 갖고 있다. 청개구리보다 더 낮고 날카롭게 운다. 주로 평지에 있는 관목이나 풀잎 위에서 서식한다. 한국의 고유종으로 말라 죽은 나무에서 동면을 하고 5월~7월에 논에서 번식한다. 2012년 5월 31일 멸종위기 야생동식물 1급으로 지정되어 보호받고 있다.

표범 장지뱀 : 흔히 바닷가나 강가의 모래에 구멍을 파고 산다. 움직임이 매우 날래서 개체수가 많음에도 눈에 잘 띄지 않는다. 알은 7~8월에 모래 속에 4~5개 낳는다. 살구멍은 열한 쌍이며, 몸에 아름다운 표범 무늬가 있다. 환경부 지정 멸종 위기종 2급이다. 최근 서울 월계동 초안산에서도 확인되었다.

금 개구리 : 개구리목 개구리과. 몸길이 약 6㎝이다. '금줄개구리'라고도 한다. 몸의 등쪽은 밝은 녹색이고, 고막과 등의 옆줄에 있는 융기선은 연한 갈색이며, 배쪽은 누런빛을 띤 붉은색이다. 한국 희귀종으로 농약 살포로 인한 먹이의 부족으로 금개구리 수가 많이 줄어 들었다. 암수 모두 울음주머니가 없기 때문에 큰 소리로 울지 못한다.

반갑지 않은 외래 생물들

팬더나 백두산호랑이, 해달 등은 멀리서 우리를 찾아온 반가운 손님입니다.

그러나 이와는 반대로 외국에서 들어왔으면서도 우리에게는 하나도 반갑지 않은 손님들이 있습니다. 이 손님들은 오히려 우리에게 해를 끼칩니다.

이러한 생물들은 그 동안 여러 경로를 통하여 우리나라에 들어왔습니다. 어떤 생물들은 외국에서 들여오는 수입품 중에 묻어 들어오기도 하고, 병에 걸린 사람의 몸을 통하여 들어오기도 합니다. 또 나라에서 정책적으로 수입해서 들여온 동물과 식물도 있습니다.

그리고 철새의 깃털이나 외국 여행을 다녀오는 사람들의 옷

자락 등에 묻어서 들어오기도 하고, 바람에 의해서 전파되기도 합니다.

이러한 생물들은 우리 나라에 들어온 뒤 왕성한 번식력으로 우리의 산과 들을 쉬지 않고 정복해 나가고 있습니다. 그뿐만 아니라 바다와 강 속에서도 그 마력을 뻗어 가고 있습니다.

이러한 생물들 때문에 우리의 토종 생물들이 점점 줄어들고 있으며, 어떤 종류는 아예 자취를 감춰 버리기도 했습니다.

외국에서 들어온 생물들은 번식력이 워낙 강하기 때문에, 우리의 산과 들, 강과 바다를 금세 뒤덮어 버렸습니다. 그래서 어느 새 그들이 우리의 토종 생물인 양 낯익은 모습이 되어 버렸습니다.

이것은 이들 외래 생물들은 영양분을 섭취하는 능력이 우리의 토종 생물보다 훨씬 강할 뿐만 아니라 공해에도 쉽게 적응하기 때문입니다.

소나무로 덮여 있던 우리의 산과 들은 어느 새 외국에서 들어온 아카시아 나무로 옷을 갈아입은 지 오래되었습니다. 그리고 갖가지 이름 모를 풀꽃들로 가득했던 넓은 들판들은 산업화 정책에 밀려 시멘트로 채워졌습니다. 그나마 시멘트로 채워지지 않은 아주 좁은 땅에는 외국에서 들어와 무성하게 자라는 이름 모를 풀들로 채워졌습니다.

우리가 어디에서나 흔히 볼 수 있는 토끼풀과 자운영 등도

실은 목초지를 조성하기 위해서 수입한 외래 식물입니다. 이러한 식물들은 워낙 번식력이 좋기 때문에 일단 자리를 잡고 자라기 시작하면 그 곳에서는 다른 식물들이 거의 살지 못합니다.

서울의 상징이라고 불리는 남산에 가 보면, 죽어 가는 소나무 밑에서 미국자리공이라는 낯선 식물이 기세 좋게 자라고 있는 것을 볼 수 있습니다.

미국자리공은 외국에서 들어온 식물인데, 공해에 아주 잘 적응하는 식물이기 때문에 다른 식물들이 말라 죽어가는 장소에서 더욱 풍성하게 자라납니다. 그래서 미국자리공이 무성한 곳은 그만큼 공해가 심한 곳으로 판단되기도 합니다.

이러한 현상은 물 속에서도 일어납니다.

쉬리, 어름치, 갈겨니, 산천어, 금강모치 같은 우리의 토종 민물고기들은 외국에서 들어온 블루길과 배스에게 강과 호수를 내준 채 자신들의 목숨을 부지할 만한 안전한 곳을 찾아 상류로 상류로 쫓겨 가고 있습니다.

그래서 과거 1950년대에는 한강 전역에서 볼 수 있었던 이러한 토종 민물고기들은 이제는 휴전선 부근의 비무장 지대나 강원도 산골을 흐르는 깨끗한 개울 속에서나 겨우 발견할 수 있게 되었습니다.

블루길과 배스는 1970년대에 수입한 어종입니다. 싼값에 좋은 생선 단백질을 공급하여 국민들의 영양 상태를 개선시키겠다는 생각에서 수입한 것으로, 한때 우리의 강과 호수에 무분별하게 마구 뿌려졌습니다.

불교에서는 중요한 기념일마다 살아 있는 짐승을 자연 속에 자유롭게 놓아줌으로써 자비를 베푸는 행사가 있습니다. 이것을 방생이라고 합니다. 블루길과 배스는 이 방생을 통하여 우리의 강과 호수 속으로 아주 많은 양이 공급되었습니다

그러나 블루길과 배스의 방생은 우리의 토종 어류들을 몰살시키는 결과를 낳고 말았습니다.

블루길과 배스는 아주 왕성한 식욕을 가지고 있는 탐욕스러운 물고기입니다. 더욱이 블루길과 배스는 물 속에 사는 식물

성 플랑크톤을 먹고 사는 것이 아니라, 우리 나라 토종 물고기의 새끼를 먹고 삽니다. 그래서 블루길과 배스가 있는 물 속에서는 우리의 토종 물고기가 자라지 못합니다.

현재 우리 나라에 들어와 살고 있는 외래 민물 고기의 종류를 살펴보면 향어, 무지개송어, 블루길, 배스, 초어, 대두어, 은연어, 왕연어, 시마연어, 떡붕어, 틸라피아, 찬넬메기 등이 있습니다.

이러한 물고기들은 모두 양식용으로 수입한 것인데, 그 가운데서도 배스와 블루길은 강 속에 마구 방류되어 커다란 문제점으로 지적되고 있습니다.

황소개구리 역시 외국에서 들어와 무시무시한 생명력을 보이며 우리의 토종 개구리들을 마구 잡아먹는 무법자입니다. 황소개구리는 보통 크기의 청개구리보다 열 배 이상 큰 개구리입니다.

이 황소개구리는 자기보다 몸집이 작은 개구리는 무조건 잡아먹을 뿐만 아니라 심지어는 뱀을 잡아 먹기도 합니다. 개구리의 천적인 뱀이 오히려 개구리에게 잡아먹히는 엄청난 일이 벌어지고 있는 것입니다.

이 밖에도 외국에서 들어온 반갑지 않은 손님들은 아주 많습니다. 그 가운데서도 식물의 병충해를 일으키는 갖가지 해

흰불나방
이 해충을
박멸하기 위해
전 도시의 가로수에
농약을 살포한다.

충들은 농민들에게 깊은 시름을 안겨 주고 있습니다. 솔잎혹파리나 흰불나방, 벼물바구미, 꿀벌기생응애, 병원미생물, 꽃노랑총채벌레 등은 이제 이름마저 익숙해져 버린 해충들입니다.

이 가운데 솔잎혹파리는 우리 나라의 소나무를 괴롭히고 있는 단골 손님이 되어 버렸습니다. 이 해충을 박멸하기 위해서 우리 나라 정부는 한 해에 수십억 원씩 국가 예산을 소비하고 있습니다.

흰불나방은 1960년대에 들어와 우리 나라 전역에 확산되었는데, 이 해충의 방제를 위해서 우리 나라의 삼림에는 물론 도시의 가로수에까지 많은 농약을 살포해야 했습니다.

또한 최근에 수입된 외국산 꿀벌에 묻어 들어온 꿀벌기생응애는 우리 나라의 토종벌을 몰살시키고 있습니다.

이러한 외래 해충들에 의해서 우리의 농작물이 갖가지 피해를 입고 있으며, 밤나무동고병, 느릅나무시들음병 같은 식물의 병을 유발시키기도 합니다.

그뿐만 아니라 1987년에는 수입한 돼지가 돼지오제스키 병을 전염시킨 일이 있었습니다. 이 때문에 병이 발생한 부근에 있는 농장에서는 정성들여 키우던 모든 가축들을 죽여야 했습니다. 게다가 병균을 없애기 위한 방제와 소독 비용이 무려

45억 원이나 되었습니다.

그리고 인간에게 직접적으로 해를 미치는 외국의 병원균이나 미생물들도 여러 경로를 통하여 우리 나라에 들어오고 있습니다. '21세기의 천형' 이라고 불리는 에이즈 바이러스는 물론이고, 콜레라와 같은 전염성 병균들이 국내외를 오가는 여행자들에 의해서 옮겨지고 있는 것입니다.

이와 같이 해로운 외래 생물체는 우리들에게 직접적인 피해를 끼치기 때문에 잘 관리해야만 합니다. 우리나라에서는 외래 생물체를 관리하기 위해서 다음과 같은 여러 기관을 설치해 두고 있습니다.

먼저 국립 식물 검역소를 들 수 있습니다. 이 곳에서는 식물의 병충해를 관리하고 있습니다. 국립 식물 검역소는 우리 나라로 수입되어 들어오는 식물에 병충해가 묻어 있는지를 검사합니다. 즉 국립 식물 검역소는 우리나라에서 공식적으로 수입하는 모든 식물에 대한 검사를 실시하는 곳입니다.

국립 식물 검역소는 1978년에 설립되었습니다. 그러나 우리나라에서는 국립 식물 검역소가 설립되기 이전부터 식물에 대한 검사를 실시하였습니다. 식물 검역을 위한 법으로는 식물을 소독하는 식물 방역법과 수출 수입하는 식물의 검역법, 농약 관리법 등이 있습니다.

이러한 검사를 통해서 식물에 병을 일으키는 병원체들과 많은 해충들이 발견되었습니다.

그러나 앞으로는 더욱 문제가 심각해질 것입니다. 우루과이 라운드나 FTA(애프 티 에이) 등과 같은 세계적인 조약으로 인해서 여러 국가의 엄청난 농산물들이 우리 나라로 들어올 것이기 때문입니다.

이러한 수입 농산물에 붙어 들어오는 해충이나 병원균들은 물론이고, 오랜 수송 기간 동안 농산물이 상하지 않게 하기 위해서 마구 뿌려 대는 농약과 방부제의 피해도 엄청날 것으로 예상되고 있습니다.

그러므로 이러한 세계화 시대를 맞이하여 우리는 우리 나라에 수입되어 들어오는 외국 식물과 농산물의 병충해 피해를 막기 위해서 철저한 준비를 해야 할 것입니다.

자, 식물의 검역에 대한 이야기를 하였으니 이제 동물의 검역에 대해 이야기를 해볼까요? 동물에 대한 검역을 맡고 있는 곳은 바로 국립 동물 검역소입니다.

농림 수산부 소속인 국립 동물 검역소에서는 우리 나라로 수입되어 들어오는 동물과 축산 관련 제품들, 가축의 전염병을 일으키는 병원균을 관리합니다.

특히 동물 검역은 가축의 전염성 질병을 예방함으로써 축산

업의 발전과 공중 위생을 향상시키는 데 기여하기 때문에 아주 중요합니다. 그러나 수입 축산물에 한해서는 현재 농림 수산식품부가 보건 복지부의 위탁을 받아 관리하고 있습니다.

한편 민물과 바닷물에 사는 수생 동식물은 수산청에서 관리합니다.

물고기와 같이 살아 있는 생물은 한번 들여오기는 쉽지만, 다시 없애기는 어렵습니다. 이와 같은 동물들은 자기가 편리한 환경을 찾아 자유롭게 움직이기 때문에 사람이 관리하는 데는 한계가 있습니다. 더욱이 동물은 스스로 움직일 뿐 아니라 스스로 자라고 번식을 하기 때문에 처음부터 관리를 잘 해야 합니다.

만약에 우리 나라로 들어온 어느 외래 동물이 예상치 못했던 문제를 일으킨다고 해도 다시 처음처럼 말끔하게 일망타진하여 그들의 고향으로 되돌려 보낼 수는 없습니다. 농촌의 소득을 증대시킨다는 명목으로 수입했던 황소개구리나 자라 등이 우리의 토종 생물들을 마구 잡아먹으며 번식해 가고 있는데도 모두들 속수 무책인 것만 보아도 알 수 있는 일입니다.

따라서 무엇을 들여올 것인가를 생각하기 전에, 그것을 들여오면 어떤 일이 일어날 것인가에 대해서 먼저 완벽하게 연구를 해야 할 것입니다.

무지막지한
놈이 나타났네.

그런데 인체에 병을 일으키는 병원균은 어디서 관리할까요? 병원균은 보건 복지부와 국립 보건원, 보건 환경 연구원, 검역소 같은 곳에서 관리합니다.

보건 복지부에서는 전염병 예방법을 통하여 인체에 심각한 질병을 일으키고 전파시키는 병원균을 3가지종류로 나누어 관리하고 있습니다.

그 중에서 제 1종 전염병을 일으키는 병원체에는 콜레라와 페스트, 황열, 장티푸스, 파라티푸스, 세균성 이질, 디프테리아, 발진티푸스의 8가지 종류가 있습니다.

제 2종 전염병으로는 일본 뇌염과 폴리오, 유행성 이하선염, 홍역, 공수병, 유행성 출혈열, 백일해, 렙토스피라병, 성홍열, 파상풍, 발진열, 재귀열, 말라리아, 아메바성 이질, 수막구균 수막염, 에이즈, 쯔쯔가무시병의 17가지 종류가 있습니다.

제 3종 전염병으로는 결핵과 나병, 성병, 만성 B형 간염의 4가지 종류가 있습니다.

보건 복지부에서는 심각한 전염병의 발생을 막기 위해서 정기 예방 접종 대상 질환으로서 디프테리아와 백일해, 파라티푸스, 결핵, 폴리오, 홍역의 6가지를 정해 두고 있습니다.

이와 같이 반갑지 않은 외래 손님들은 우리의 땅과 물과 생물체를 서서히 점령해 나가면서 우리 나라의 토종 생물과 사람들에게 피해를 주고 있습니다. 즉 이러한 외래 생물들은 우리의 땅과 물을 발판으로 하여 토종식물과 동물을 먹이로 삼고, 병을 옮기며, 심지어는 우리 나라의 경제까지 위협하는 무서운 존재가 되어 가고있는 것입니다.

그렇다면 이러한 수입 식물과 동물에 의한 피해를 막기 위해서 우리는 어떤 준비를 해야 할까요?

가장 먼저 할 일은 식물과 농산물 분야에 종사할 많은 전문인들을 양성해 내는 일입니다. 그리고 빠른 시일내에 외국 농산물들을 검역할 장비와 기술의 현대화를 이룩해야 할 것입니다. 또한 외래 병해충에 대한 정보를 입수하는 데도 앞장서야 합니다.

이를 위해서는 우리 나라 사람들 모두가 우리의 것에 관심을 가지고 충분한 연구와 노력을 해야 합니다. 우리 것의 특성을 제대로 알지 못하고서는 우리 것을 살릴 수 없기 때문입니다.

우리 것의 특성을 알고 난 뒤에는 남의 것의 특성을 잘 알아야 할 것입니다. 그러고 나면 두 가지를 과연 어떻게 배합해야만 모두 조화를 이루며 잘 살아갈 수 있을지에 대해서 알게 될 것입니다.

아무리 세계가 한 지붕 밑이고, 세계인이 한 가족이라고 하더라도 우리의 것은 우리가 지켜야 합니다. 같은 부모에게서 태어난 형제 자매라 하더라도 서로 입맛이 다르고 체질이 다를 수 있습니다. 그러나 같은 부모에게서 태어난 형제 자매는 위급한 상황에 닥치면 서로의 피를 나누어 줄 수 있는 존재가 됩니다.

우리 땅에서 난 우리의 것도 이와 마찬가지입니다. 우리의 몸과 마음을 살찌워 주는 데는 우리 땅에서 난 우리의 식물과 동물이 가장 적당합니다. 더구나 우리의 식물과 동물은 외국에서 들여오는 것보다 훨씬 깨끗하고 오염도 적습니다.

따라서 우리들은 병들어 신음하고 있는 형제 자매를 생각하는 마음으로 우리의 것을 아끼고 가꾸어야 할 것입니다. 그것만이 물밀듯이 밀려드는 외국의 반갑지 않은 손님들을 막아낼 수 있는 가장 적절한 방법입니다. 지금 이 시간에도 우리의 땅과 물, 식물과 동물은 외국에서 들여온 갖가지 것들로 인해서 시름시름 앓고 있다는 것을 항상 잊지 말아야 하겠습니다.

우리 나라의 생물 상태

한 나라의 국토 안에 살고 있는 생물의 종류가 얼마나 많은가 하는 것은 매우 중요합니다. 생물의 종류는 그 나라의 기본적인 자연 자원을 평가하는 기준이 되기 때문입니다. 그러므로 한 나라의 생물이 얼마나 다양한가 하는 것은 그 나라의 발전을 이루는 토대가 됩니다. 이같이 한 나라의 국토 안에 살고 있는 생물의 종류를 일컬어 '생물 다양성' 이라고 합니다. 생물 다양성이 높아야만 그 나라의 천연 자원이 높이 평가되는 것입니다.

만약 생물 다양성이 손실되었다면, 그것은 곧 그 나라의 국가 발전이 후퇴하고 있다는 사실을 뜻합니다. 특히 그 나라의 국토 안에서만 살고 있는 토종 생물들이 손상되거나 멸종하고 있다면 그것은 바로 그 나라의 경제가 손실되고 있다는 것을 뜻합니다.

그러므로 세계 여러 나라에서는 자기 국토에 살고 있는 생물에 대해서 많은 연구를 하고 있습니다.

이러한 연구에 종사하는 학자들은 가장 먼저 자기 국토에 얼마나 많은 종류의 식물이 있는지, 또한 얼마나 많은 종류의 동물이 있는지를 조사합니다. 그와 동시에 어떠한 동물과 식물이 멸종하였고, 찾아보기 힘든 희귀한 상태에 이르렀는지도 조사합니다. 또한 자기 나라의 동식물이 어떠한 환경을 좋아하는지를 연구합니다. 동식물이 번성하는 데 알맞은 환경을 조성해 줌으로써 생물 다양성을 높이려는 것입니다.

그러나 우리 나라의 생물 다양성에 대한 연구는 다른 나라에 비해서 아주 보잘것 없는 상태입니다. 또한 지금까지 연구된 내용들도 우리 나라 사람들이 한 것보다는 일본 사람이나 유럽 사람들이 연구한 것이 대부분입니다. 그 중에서도 특히 우리 나라의 식물에 대한 연구는 거의 이루어지지 않은 것이나 마찬가지입니다.

그러므로 앞으로는 더욱 많은 사람들이 우리 나라의 생물 상태를 연구하는 데 관심을 두어야 하겠습니다. 또 국가적인 차원에서도 동식물 연구에 투자를 많이 하고, 인재를 양성하

후손에게 그대로
전해주도록 다같이
노력해야지

는 데도 힘써야 할 것입니다.

자연을 보호한다는 것은 그리 거창한 일이 아닙니다.

자연 보호란 후손들에게 파괴되지 않은 자연 생태계를 고스란히 물려주는 것을 말합니다. 즉 동물이나 식물이 조화롭게 잘 어울리면서 인간과 함께 생활해 나가는 자연 환경을 후손에게 그대로 전해 줄 수 있어야 하는 것입니다.

그렇기 때문에 멸종 위기에 놓여 있는 식물이나 동물들을 보호하는 일은 매우 중요합니다. 일단 한 번 멸종해 버린 식물이나 동물을 되살려 내는 일은 최첨단의 유전 공학으로도 불가능합니다.

또한 유전 공학으로 멸종해 버린 식물이나 동물을 창조해 낸다고 하더라도, 그것이 이전에 자연적으로 존재하던 바로 그 식물이나 동물이 될 수는 없습니다.

인간의 손을 거쳐 창조된 것은 결국 자연의 상태에서 변형되어 나온 돌연 변이이기 때문입니다.

그러므로 우리의 자연을 보호하기 위해서는 구체적이고도 계획적인 방법이 연구되어야 합니다. 그중에서도 우리 나라에서 살고 있는 식물과 동물의 현황을 파악하는 일이 가장 중요합니다.

그렇다면 지금까지 알려진 우리 나라의 생물 다양성은 어느 정도인지 알아보기로 합시다.

우리 나라의 생물들은 무척 다양합니다.

우리 나라의 남부 지방은 일본과 중국의 중부 지방환경과 비슷합니다. 또한 우리 나라의 북부 지방은 북중국과 만주, 시베리아, 사할린 및 일본의 북쪽 지방인 홋가이도 같은 지역과 비슷합니다. 그래서 우리 나라에는 아주 많은 종류의 생물이 살 수 있는 것입니다. 지금까지 알려진 우리 나라의 생물은 동물이 1만 7625종이라고 합니다. 이 중에서 척추 동물은 1463종이고, 민물고기가 135종, 바다 물고기가 825종이라고 합니다. 그리고 양서류가 15종, 파충류가 29종, 조류가 383종이며, 포유동물은 76종이 산다고 합니다.

또한 우리 나라에 살고 있는 곤충은 1만 1153종으로 알려져 있는데, 이것은 우리 나라에서 살고 있으리라고 예상되는 곤충의 20퍼센트 정도밖에 되지 않는 숫자라고 합니다.

이와 같이 다양한 종류로 이루어져 있는 우리 나라의 식물과 동물은 여러 가지 원인에 의해서 멸종의 위협을 받고 있습니다. 무분별한 개발로 인해서, 그리고 갖가지 환경 오염에 의해서, 심지어는 외국에서 들어온 외래종의 동식물에 의해서 생명의 위협을 받고 있는 것입니다.

우리 나라에 살고 있는 동물 중에서 멸종 위기에 놓인 것으로 보고되고 있는 것들은 다음과 같습니다.

물고기 중에서는 민물에 사는 무태장어와 열목어, 산정어, 어름치, 새미, 감돌고기, 가는돌고기, 점몰개, 두우쟁이, 꾸구리, 돌상어, 흰수마자, 버들가지, 금강모치, 연준모치, 눈불개, 강준치, 미호종개, 꼬치동자개, 퉁사리, 부인종개, 가시고기, 둑중개, 꺽저기, 좀구굴치, 황복 등이 있지만, 바다에 살고 있는 물고기에 대해서는 구체적인 연구가 이루어지지 않고 있습니다. 바다에 사는 생물을 보호하는 일은 아주 중요한 데도 말입니다.

우리 나라의 바다는 크게 서해와 남해, 동해로 구분됩니다. 그런데 이들 바다는 모두 연결되어 있으면서도 제각기 독특한 해양 환경을 유지하고 있습니다 그래서 각각의 바다에 살고 있는 물고기의 종류도 서로 다릅니다. 특히 제주도 근방의 바다는 대마 난류가 북상하는 길목이어서 천연의 어장이 형성되어 있습니다. 여기서는 매우 많은 종류의 물고기들이 살고 있을 뿐만 아니라, 고기들이 알을 낳고 새끼를 키우는 곳이기도 합니다. 이러한 바다의 특징을 잘 연구하고, 각각의 바다에 살고 있는 해양 자연의 특징을 정확하게 파악하는 일은 아주 중요합니다. 바다에 대한 지식을 많이 알고 있어야만 더 완벽하게 바다를 관리할 수 있기 때문입니다.

바다 생물을 보호하기 위한 방법으로는 어떠한 것이 있을까요?

먼저 무분별하게 고기잡이를 하는 일이 없도록 미리 어업 지도를 하고, 바다 생태계를 파괴하는 간척 사업들도 중단하도록 해야 할 것입니다. 그리고 고기들이 알을 낳을 즈음에는 어업을 금지해야 합니다.

양서류 중에서 특정 야생 동물로 지정되어 있는 것으로는 도롱뇽과 꼬치도레도롱뇽, 두꺼비, 물두꺼비, 수원청개구리, 맹꽁이, 금개구리, 산개구리, 아무르산개구리등 9종이 있습니다.

파충류에서는 남생이, 자라, 도마뱀, 줄장지뱀, 표범장지뱀, 구렁이, 무자치, 능구렁이, 실뱀, 대륙유혈목이, 비바리뱀, 살모사, 까치살모사 등 13종이 특정 야생 동물로 지정되어 있습니다.

그런데 이러한 양서류나 파충류 중에는 순전히 인간에 의해서 멸종 위기를 맞은 것들이 있습니다. 바로 개구리나 뱀 같은 동물들입니다. 사람들은 이러한 동물들이 몸에 좋다 하여 마구 잡아먹습니다. 이처럼 비인간적인 행동 때문에 우리 나라의 양서류와 파충류는 멸종위기에 놓이게 된 것입니다.

그러므로 국가에서는 이와 같이 멸종 위기에 놓여 있는 동물들의 환경을 보호하는 데 특히 많은 노력을 쏟아야 할 것입니다. 멸종 위기에 놓인 동물을 잡아 먹는 몰지각한 사람들을 강력하게 단속하고, 특히 야생 뱀을 잡아 장사를 하는 뱀탕집 같은 곳을 집중적으로 단속해야 할 것입니다. 또한 외국이나 우리 나라에서 야생 동물을 사거나 파는 일도 엄하게 금지하고 단속해야 할 것입니다.

포유류 중에서는 늑대, 물범, 호랑이, 붉은박쥐, 사향노루, 산양, 삵, 쇠고래, 수달, 여우, 표범, 하늘다람쥐, 곰, 대륙목도리담비, 긴가락박쥐, 뿔박쥐, 바다사자, 고슴도치, 흰긴수염고래, 흰수염고래 등 20종이 멸종 위기에 놓인 것으로 지정되어 있으며, 이들은 또한 특별히 보호하여야 할 특정 야생 포유류로 지정되어 있습니다. 얼마 전 우리 나라의 텔레비전 뉴스에서는 곰의 쓸개가 좋다 하여 살아 있는 곰의 몸에 대롱을 달

몸보신에는
역시 뱀탕!
내가 못찾아
낼 것 같냐?

고 쓸개즙을 뽑아 내는 장면이 방송된 적이 있습니다. 철제 우리에 갇힌 곰이 눈물을 흘리며 힘없이 앉아 있는 모습이 얼마나 비참했는지 모릅니다.

인간에게 시달리고 있는 동물은 곰말고도 많습니다. 사슴의 뿔이나 피를 먹는 사람도 있습니다. 심지어는 외국 여행을 하고 돌아오는 사람들의 짐 속에서 호랑이 뼈나 사슴뿔 같은 것이 발견된 적도 많습니다. 참으로 끔찍하고 부끄러운 일입니다.

동물도 인간과 똑같이 귀중한 생명을 가지고 있습니다. 자기의 생명이 소중한 것처럼 동물의 생명도 소중하다는 생각을 갖는 것이야말로 자연 보호를 시작하는 마음가짐의 참된 시작이 될 것입니다.

조류 중에서는 알락해오라기, 노랑부리백로, 황새, 먹황새, 노랑부리저어새, 저어새, 따오기, 흑기러기, 개리, 흑고니, 큰고니, 고니, 원앙사촌, 원앙, 붉은가슴흰죽지, 호사비오리, 물수리, 흰꼬리수리, 참수리, 검독수리, 독수리, 바다매, 두루미, 흑두루미, 재두루미, 알락뜸부기,느시, 검은머리물떼새, 넓적부리도요, 쇠청다리도요사촌, 쇠부리도요, 알락쇠오리, 뿔쇠오리, 흑비둘기, 검은등뻐꾹이, 수리부엉이, 올빼미, 금눈쇠올빼미, 청호반새, 가막딱따구리, 아물새딱따구리, 큰오색딱따

구리, 쇠딱따구리, 팔색조, 뿔종다리, 물때까치, 홍여새, 되지빠귀, 알락꼬리쥐발귀, 북방쇠찌르레기 등 50종이 멸종위기

에 놓여 있는 종류로 지정되어 있습니다. 이 중에서37종은 천연 기념물로 지정되어 있습니다.

이와 같이 우리 나라에서 살고 있거나, 정해진 계절마다 우리 나라를 찾아오는 새를 보호하기 위해서는 환경이 오염되지 않도록 잘 관리하는 것이 특히 중요합니다.

또한 새들이 마음놓고 머무를 수 있도록 자연 보호 구역을 확대하여 지정해 주어야 합니다.

곤충류의 서식지로 보호하기 위하여 곤충 중에서는 장수하늘소의 발생지인 강원도 춘천군 북산면이 천연기념물 제 75호로 지정되었습니다. 장수하늘소는 천연기념물 제218호로 지정되었습니다.

또한 애반딧불 서식지인 전라 북도 무주군 설천면 일대는 천연기념물 제322호로 지정되어 보호되고 있습니다.

한국 자연 보호 협회에서는 1981년에 장수하늘소를 멸종 위기에 닥친 종으로 채택하였고, 1989년에는 18종의 나비류와 4종의 딱정벌레 등을 희귀종으로 채택하였습니다. 또한 1993년에는 환경부에서 31종의 곤충류를 보호가 필요한 종으로 지정하였습니다.

희귀종으로 지정된 나비와 곤충의 종류로는 상제나비, 깊은산부전나비, 북방까마귀부전나비, 쌍꼬리부전나비, 큰주홍부전나비, 바둑돌부전나비, 큰홍띠점박이푸른부전나비, 암어리표범나비, 산은줄표범나비, 제삼줄나비, 홍줄나비, 중국황세줄나비, 갈구리신선나비, 신선나비, 쐐기풀나비, 산굴뚝나비, 큰수리팔랑나비, 독수리팔랑나비, 가락지나비, 늦반딧불이, 애반딧불이, 비단벌레, 울도하소 등이 있습니다.

그렇다면 우리 나라에서 살고 있는 희귀 동물들을 보호하기 위해서는 구체적으로 어떠한 노력을 기울여야 할까요?

먼저 동물이 살아가는 데 필요한 환경이 어떤 것인지를 알아야 합니다. 그리고 우리 나라에 살고 있는 동물의 종류와 그 숫자도 파악해야 합니다. 또한 우리 나라에서 살고 있는 동물의 생명을 위협하는 외래 동물의 종류가 무엇인지를 살펴보고, 이러한 외래 동물들을 잘 관리하는 일이 중요합니다.

그리고 멸종 위기에 놓여 있는 동물의 종류를 국민모두에게 알려서 그 어느 누구라도 이러한 보호 동물을 함부로 잡거나 해치는 일이 없도록 미리 예방해야 할 것입니다.

이 밖에 멸종 위기에 놓여 있는 동물과 식물을 보호하기 위해서 우리 인간이 할 수 있는 일은 없을까요?

있습니다. 실험실이나 동물원 같은 곳에서는 멸종 위기에 놓여있는 동물과 식물의 종족을 인공적으로 보존하고 번식시키는 연구가 계속되고 있습니다. 멸종 위기에 놓여 있는 동물과 식물이 잘 자라고 번식할 수 있도록 인공적인 환경을 조성해 주는 것입니다. 그래서 멸종 위기에 놓인 동물과 식물이 자연 상태에서 스스로의 힘으로 번식할 수 있을 정도가 되면 다시 자연으로 돌려 보내는 것입니다.

이와 같이 우리 나라에 살고 있는 동물을 보호하는 일은 어느 한 사람만 열심히 한다고 해서 이루어지는 것이 아닙니다. 우리 모두가 함께 노력하고 정성을 기울여 환경을 보호하고 동물과 식물을 돌보아야만 가능해지는 일인 것입니다.

그러면 이제 우리 나라의 식물 다양성에 대해서 알아보도록 합시다.

우리 나라는 국토의 약 60퍼센트가 산과 평야로 이루어져 있고, 남해안에는 약 3400여 개의 섬들이 있습니다.

또한 우리 나라의 날씨는 남해안 지역의 연평균 기온이 14

도이고, 북부 지방에 있는 산악 지방의 연평균 기온이 5도에 이르는 등 매우 다양하게 나타나고 있습니다. 그리고 식물이

살아가는 데 필수적인 조건인 연평균 강우량도 남해안 지역은 1400밀리미터인데, 북부 지방은 400밀리미터여서 매우 심한 지역적 차이를 나타냅니다.

우리 나라의 기후를 살펴보면 남해안은 난대성 기후이고, 북부 지방의 고산 지역은 한대 기후 및 고산 기후를 나타내는 등 무척 다양한 환경 조건을 갖추고 있습니다.

이와 같이 다양한 환경 조건 때문에 우리 나라에 살고 있는 식물의 종류는 매우 많습니다.

우리 나라에는 약 190개 과에 속하는 4000여 종의 관속식물이 살고 있습니다. 이 중에서 꽃을 피우는 식물의 종류는 약 170개 과의 3700여 종이며, 그 중에서도 480여 종은 우리나라에서만 볼 수 있는 고유한 식물로 알려져 있습니다. 그리고 우리 나라에만 분포하는 특산 토종 식물로서 6가지 종류의 식물이 있다고 합니다.

그러나 안타깝게도 우리 나라의 자생 식물 중에서 멸종 위기를 맞고 있는 식물에 대해서는 별로 연구된 것이 없습니다.

다만 한국 자연 보존 협회에서 '한국의 위기 및 희귀동식물' 이라는 연구를 통하여 115종의 식물을 제시하였고, 또 '한국의 희귀 및 위기 동식물 도감' 을 통하여 35종의 식물을 제시한 적이 있을 뿐입니다. 그리고 환경부에서는 59종의 식물을 특정 야생 식물로 규정해 두고있습니다.

우리 나라에서 멸종 위기를 맞고 있는 대부분의 식물들은 특히 다음과 같은 자연 개발 지역에 살고 있습니다.

첫째는 강가에 살고 있던 식물들입니다.

우리 나라에서는 국토 개발이라는 이름 아래 어지간히 큰 규모의 강에는 하나도 빠짐없이 시멘트 제방을 세웠습니다. 그리하여 강가에 살던 식물들은 자연히 멸종되어 버릴 수밖에 없었습니다.

또한 강으로 흘러드는 폐수로 인해서 강가의 식물과 습지의 식물들, 물 속에서 살던 수생 식물들은 멸종의 위기에 놓여 있습니다.

둘째는 해변가에 살던 식물들입니다.

사람들은 해변가를 개발하여 항구로 만들고 국토를 확장시키기 위한 대규모 간척 사업을 하면서 해변가를 시멘트로 포장하여 버렸습니다. 그 때문에 해변가에 살던 식물들은 멸종 위기를 맞고 있습니다.

그 밖에 해수욕장의 개발도 염습지 식물들과 바닷속에서 사는 식물의 생존을 위협하는 또 하나의 원인이 되고 있습니다.

셋째는 늪지대에 살던 식물입니다. 우리 나라에 있던 늪지대는 거의 대부분이 대규모 간척 사업에 이용되어 육지로 메워지고 있습니다. 그렇기 때문에 늪지대에서 살던 식물들은 멸종 위기에 처할 수밖에 없습니다.

이외에도 식물을 죽이는 제초제의 무분별한 사용과 공해, 외래 식물의 정착 등으로 우리 고유의 식물들은 곳곳에서 생명을 위협받고 있습니다.

앞으로도 이처럼 여러 가지 이유를 내세우며 식물의 서식지를 계속 파괴해 나간다면, 우리 나라의 식물들은 점점 더 멸종해 버릴 것입니다. 그리하여 결국은 우리나라의 자랑인 식물

자, 이젠
우리나라

다양성을 지속적으로 감소시키는 결과가 되어 버릴 것입니다.

지금 우리 나라의 식물은 매년 전체의 1퍼센트에 해당하는 종류가 멸종하고 있다고 합니다. 그리고 이런 상태로 20년이 흐른다면 우리 나라에 있는 식물 가운데 20퍼센트가 멸종하거나 희귀하게 될 것이라고 합니다. 그렇게 되면 우리 나라의 생태계는 영영 회복이 불가능한 상태가 되고 말 것입니다.

그렇다면 앞으로 우리 나라의 식물을 더 이상 멸종시키지 않고, 식물 다양성을 보존하기 위해서는 어떤 노력을 해야 할까요?

가장 중요한 일은 역시 식물을 전문적으로 연구하는 학자와 연구원들을 양성해 내는 일입니다. 이를 위해서는 유능한 일꾼들이 식물의 생태계에 관심을 갖고 꾸준히 식물 연구에 종사할 결심을 해야 합니다. 그리고 국가에서도 식물 전문가들이 연구에 몰두할 수 있도록 지원을 아끼지 말아야 할 것입니다.

둘째, 식물 전문가들은 우리 나라에서 살고 있는 식물들을 종류별로 구분하여, 어떤 식물이 어떤 곳에 살고있는지 조사해 내야 할 것입니다 그리고 실제로 관찰하고 조사한 자료를 바탕으로 하여 우리나라의 식물지를 만들어 내야 할 것입니다.

셋째, 우리 나라에 살고 있는 식물 중에서 멸종 위기에 놓여 있는 식물들을 하루빨리 발견해 내야 할 것입니다. 그래야만 멸종 위기의 식물을 다시 잘 관리하여 종족을 보존시킬 수 있을 것이기 때문입니다.

넷째, 식물 다양성을 감소시키는 원인을 찾아내고 그 해결

책을 마련해야 합니다.

다섯째, 우리 나라의 고유 식물이나 자원 식물 등을 주요 식물군으로 분류하고, 멸종 위기에 놓여 있는 식물의 서식지를 알아내어 이를 보호 구역으로 지정해야 할 것입니다.

여섯째, 우리 나라에서 살고 있는 식물의 표본을 채집하여 식물도감을 만들고, 이러한 식물들의 표본을 전시하는 표본관을 많이 설립하여야 할 것입니다.

멸종위기 야생생물 1급 (조류)

검 독수리 : 수리과에 속하는 텃새. 천연기념물 제243호. 전국에 분포하나 희귀한 편으로 산악지대 절벽 위에 둥우리를 트는 경우가 많으며, 작은 동물과 중형의 조류가 주식이다.날개길이 57~63cm, 꽁지길이 31~35cm, 몸무게 약 4.4kg이다. 몸길이는 수컷이 81cm, 암컷이 89cm로 다른 맹금류처럼 암컷이 더 크다. 온몸이 짙은 갈색이고 꽁지깃은 흰바탕에 가로무늬가 있다.

넓적부리도요 : 몸길이 약 17cm이다. 암수 여름깃은 가슴에서 얼굴까지가 붉다. 어깨깃과 등은 검정색이고 깃가장자리는 붉은 갈색, 바깥가장자리는 흰색이다. 배와 아래꼬리덮깃은 흰색이고, 허리와 위꼬리덮깃은 검은 갈색이다. 꼬리깃은 가운데 1쌍은 검은 갈색이고, 나머지는 잿빛이 도는 갈색이다. 다리는 검다. 암수 겨울깃의 얼굴과 멱은 흰색이고 눈 위에 흰색 얼룩무늬가 있다. 목 옆에는 갈색 얼룩무늬가 있다. 부리는 검고 끝이 주걱 모양이다.

노랑부리백로 : 여름철새이며, 서해안의 무인도서에서 번식하는 국제적 보호조류이다. 몸길이는 68cm이고, 몸 전체가 흰색이며, 눈은 흐린 노란색이다. 여름깃의 경우 뒷머리에 20가닥 이상의 8cm정도의 장식깃이 있다. 부리는 진한 노란색이며, 눈 앞부분은 푸른색을 이고, 다리는 검은색, 발은 노란색이다. 하지만, 겨울깃은 장식깃이 없어지고 부리는 흑갈색, 다리는 노란색을 띤 녹색이며 갈색을 띠기도 한다.

두루미 : 몸길이 136 140cm, 날개 편 길이 약 240cm, 몸무게 약 10kg이다. 온몸이 흰색이다. 머리꼭대기는 피부가 드러나 붉고, 이마에서 멱 목에 걸친 부위는 검다. 날개의 안쪽 둘째날개깃과 셋째날개깃은 검정색이고, 나머지 날개깃은 흰색이다. 꽁지를 덮고 있는 둘째날개깃이 검정색이므로 앉아 있거나 걸을 때는 마치 꽁지가 검은 것처럼 보인다. 한 살 된 어린새는 검정색 부분이 연한 갈색이며, 만 3년이 되어야 완전히 검정색이 된다

멸종위기 야생생물 Ⅰ급 : 자연적 또는 인위적 위협요인으로 개체수가 현저하게 감소되어 멸종위기에 처한 야생생물

저어새 : 몸길이 약 84cm이다. 겨울깃은 흰색이고, 어른새의 여름깃은 가슴에 누런 갈색 띠가 있다. 댕기도 누런 갈색이다. 이마와 눈가장자리 턱밑 멱의 피부가 드러난 부위는 검정색이다. 바닷가 얕은 곳이나 간척지 늪지 갈대밭 논 등지에서 먹이를 찾고 숲에서 잔다. 1 2마리 또는 작은 무리를 지어 생활할 때가 많지만 20 50마리씩 무리를 짓기도 한다. 경계심이 강해 사람이 다가가면 멀리 날아간다. 7월 하순에 4 6개의 알을 낳는다.

흑고니 : 몸길이 약 1.5m이다. 몸 빛깔은 암수 모두 순백색이며, 눈앞의 피부와 윗부리 기부의 양쪽, 윗부리 기부의 큰 혹, 아랫부리는 검정색이다. 윗부리의 나머지 부분은 적황색이고, 다리는 회색, 발톱은 갈색이다. 목을 굽히고 수면을 향하여 부리를 내려찍듯이 움직이며 헤엄친다. 날 때는 날개가 움직이는 소리가 멀리까지 들린다.

황새 : 몸길이 약 112cm이다. 뉴질랜드와 오스트레일리아 및 북아메리카의 북부를 제외한 전세계에 분포한다. 이 가운데 한국의 황새는 러시아와 중국 동북부 및 일본 등지에서 번식하던 황새와 같은 아종이다. 유럽황새보다 훨씬 크다. 유럽황새는 부리와 다리가 모두 검붉은색인 데 비해 한국의 황새는 다리만 붉은색이고 부리는 검은색이다. 온몸이 흰색이지만 일부 날개깃은 검은색이다.

흰꼬리 수리 : 몸 전체가 흑갈색이며 성체는 꽁지깃이 흰색이고 머리 부분이 다른 곳에 비해 옅은 색을 띠고 있다. 부리는 육중하며 끝이 구부러져 있고 옅은 황색을 띤다. 상승기류를 이용하여 장시간 비행하기도 한다. 먹이는 주로 어류나 조류 그리고 포유류 등을 잡아먹는다. 우리나라에는 10월경에 찾아오는 드문 겨울철새이다. 4월경에 해안이나 호수와 가까운 키 큰 나무 위에 나뭇가지 등으로 넓은 둥지를 틀고, 흰색의 알을 3개 정도 낳는다.

우리 나라의 야생 생물과 토종 생물

우리 나라에는 수많은 동물과 식물이 살고 있는데, 그 중에는 외국이 고향인 것도 있고 우리 나라가 고향인 것도 있습니다.

그 가운데는 특히 비록 외국이 고향이기는 하지만 우리 나라의 자연 환경으로 이사온 뒤 아주 오랜 세월 동안 서서히 뿌리를 내림으로써 우리에게 익숙해진 생물들도 많습니다. 이런 생물들은 우리의 토종 생물이 아닌가 하는 착각이 들 정도입니다.

토종 생물이란 그 최초의 조상이 우리 나라에서 태어나고 자랐으며, 후손을 번식시킨 생물을 말합니다. 즉 일부러 옮겨 가지 않는 한, 다른 나라에서는 보기 힘든 생물을 말합니다.

그러므로 토종 생물은 처음부터 우리 땅에서 생겨나 그 끈질긴 생명을 이어 가고 있는 생물들을 일컫는 말입니다.

이에 비해서 원래는 외국에서 태어났지만 우리 나라로 옮겨 온 뒤 우리의 흙과 물에서 마치 제 고향인 것처럼 잘 적응하고 후손을 번식시켜 융성하게 사는 생물들이 있습니다. 이런 생물을 귀화 생물이라고 합니다.

우리 나라의 야생 생물들은 대부분 토종 생물과 귀화생물입니다.

그렇다면 우리 나라를 대표할 만한 야생 식물과 동물에는 어떤 것들이 있을까요?

그리고 그 중에서 진짜 토박이인 토종 생물들은 어떤 것이 있을까요?

우리 나라의 야생 식물의 종류를 알아보려면 아무래도 우리 나라를 대표하는 여러 산에 살고 있는 식물들을 찾아보는 것이 가장 좋은 방법일 듯합니다.

먼저 우리 나라의 남쪽에 있는 제주도의 명산, 한라산의 식물을 살펴보도록 합시다.

한라산은 정상에 백록담이라는 호수를 이고 있습니다.

한라산의 동쪽과 서쪽은 매우 부드럽고 완만한 경사를 이루고 있지만, 남쪽과 북쪽은 경사가 매우 급합니다. 이러한 지형을 나타내고 있는 한라산에는 온갖 종류의 식물이 자라고 있습니다 그래서 한라산을 '식물의 보물창고'라고 부르기도 합니다.

식물학자들이 조사한 바에 따르면 한라산에는 식물은 무려

1700여 종이나 된다고 합니다.

이와 같이 많은 종류의 식물들이 한라산에서 살게 된 까닭은 무엇일까요?

그것은 제주도와 한라산의 기후 때문입니다.

제주도는 우리 나라의 남쪽 끝에 있는 섬입니다. 그래서 항상 기온이 따뜻하고 비가 많이 내리는 곳입니다.

이러한 기후에서는 난대성 식물이 잘 자라게 됩니다. 또한 한라산은 1950미터 높이의 산으로서, 제주도의 한가운데에 버티고 서 있습니다. 그러므로 한라산에는 높이에 따라 서로 다른 기후가 나타납니다.

이러한 특징 때문에 한라산에는 온대 지방의 식물에서부터 한대 지방의 식물까지 많은 종류의 식물이 살아갈 수가 있는 것입니다. 특히 한라산 정상은 몹시 춥기 때문에 시베리아 지역에서 주로 자란다는 식물이 관찰되기도 합니다.

그리고 제주도에서만 찾아볼 수 있는 희귀한 식물도 아주 많은데, 그 중에서 약 40여 종의 식물은 한라산 중턱에서 꼭대기까지의 지역에서 볼 수 있습니다 섬매발톱나무라든가 섬오갈피나무, 제주달구지풀, 제주조릿대, 한라돌쩌귀처럼 이름도 낯선 식물들이 바로 한라산에서 자라고 있는 희귀 식물들입니다 또한 한라산의 해발 고도 1590미터에서부터 1940미터에 이르는 지역에는 구상나무 군락이 자리잡고 있습니다. 한라산에서 자라고 있는 구상나무는 산의 높이에 따라 각각 다른 모습을 하고 있습니다. 즉 한라산의 정상 부근에서 자라고 있는 구상나무는 키가 작은데 다른 지역에서 자라는 구상나무는 키가 큽니다.

이것은 높이에 따라 달라지는 한라산의 기후와 토질 때문에 일어나는 현상입니다. 특히 구상나무는 바람이 부는 정도에 따라 성장 상태가 달라지는 특성을 가지고 있습니다.

한라산에서 많이 볼 수 있는 꽃으로는 진달래와 술패랭이꽃, 구름체꽃, 붉은병꽃나무, 한라구절초, 설앵초, 구름송이꽃, 바늘엉겅퀴 등이 있습니다. 그리고 한라산에서 자생하고 있는 90여 종의 난도 꼽을 수 있습니다.

제주도에서 자생하고 있는 난 중에서 대표적인 것으로는 제주춘란과 새우란, 금새우란, 사철란, 손바닥난초등이 있습니다. 특히 제주한란과 풍란은 아주 유명합니다. 제주한란은 천연 기념물 제191호로 지정되어 있습니다.

한라산 정상에는 바위나 푸석푸석한 돌 틈 사이로 방긋 얼굴을 내밀고 있는 청초하고 아름다운 야생 들꽃이 많이 있습니다. 그 중에서 대표적인 것은 복수초꽃과 솜다리, 모데미풀꽃, 너도바람꽃, 돌매화나무꽃 등입니다.

한라산 중턱에는 종가시나무와 동백나무, 참나무, 졸참나무, 신갈나무, 소나무 등이 자라고 있으며, 사스레피, 흰새덕이, 여름새우란, 황칠나무와 같은 식물도 찾아볼 수 있습니다.

다음으로 경상 남도와 전라 북도, 전라 남도, 이 3개도에 걸쳐 있는 지리산은 우리 나라 최대의 명산입니다. 지리산은 함양과 산청, 하동, 구례, 남원, 화개, 토지, 산내, 시천, 삼장 등 여러 지방에 둘러싸여 있는 산이기도 합니다.

지리산은 특히 물이 많고 좋은 산으로 유명합니다. 또한 봉우리와 계곡, 고원과 분지가 적당히 어우러져 있고 산 전체가 울창한 원시림을 이루고 있기 때문에 824종의 식물과 421종의 동물이 살고 있습니다.

지리산의 기후는 한랭한 고산 기후와 온난한 산록 기후가 조화를 이루고 있습니다 그래서 한온대 지방의 식물이 아주 많이 자라고 있습니다

지리산은 삼림이 울창했던 만큼 수난을 많이 당한 산이기도 합니다. 지리산의 아름드리 나무들은 임진왜란때 왜군의 방화로 불타 없어져 버렸습니다. 그리고 전쟁을 치르느라고 가난해진 사람들이 화전을 일구기 위해서 지리산의 산과 수풀을 마구 불태우는 바람에 울창했던 지리산의 산림은 황무지처럼

변해 버리고 말았습니다.

그러던 지리산이 1967년 12월 국립 공원 제 1호로 지정되면서 소생의 기운을 내기 시작했습니다.

현재 지리산에 살고 있는 대표적인 나무로는 졸참나무와 서나무, 밤나무, 산초나무, 향나무, 떡갈나무, 소나무, 고로쇠나무, 벚나무, 층층나무, 쪽동백, 작살나무, 노각나무, 가문비나무, 구상나무, 신갈나무, 진달래, 철쭉, 마가목, 고채목, 사스레나무, 주목, 야광나무, 잣나무, 거재수나무 등을 꼽을 수 있습니다.

그 중에서 지리산을 가장 많이 덮고 있는 것은 소나무이며, 서나무와 졸참나무, 참나무도 무성합니다.

또한 지리산 중턱

에는 굴참나무가 많이 자라고 있고 정상에는 가문비나무와 분비나무, 물푸레나무와 신갈나무 등이 자라고 있습니다.

지리산 제일의 천왕봉 일대에는 조금 키가 작은 사스레나무와 좀고채목, 물앵두나무, 털진달래, 붉은병꽃나무들이 자라고 있습니다. 이 지역은 기온이 낮고 강한 바람이 불기 때문에 작은 키의 나무들이 자리를 잡게된 것입니다.

지리산에는 나이가 300살이 넘는 올벚나무가 있습니다. 이 나무는 화엄사 안에서 자라고 있는데, 천연 기념물 제 38호로 지정되어 있습니다.

그리고 세석 고원의 철쭉과 노고단의 원추리, 화개동천의 야생 차나무 등도 300년 넘게 군락을 이루며 살아가는 식물이라고 합니다.

이 외에도 지리산에는 백두산초와 여우꼬리풀, 애기괭이밥, 나도옥잠화 등과 같은 희귀 식물이 곳곳에서 자라고 있습니다.

지리산에서는 약용 식물도 많이 납니다. 지리산의 대표적인 약용 식물로는 산수유와 오미자, 익모초, 작약, 천궁, 도라지, 구절초, 능소화, 화살나무, 천남성, 연령초, 지황, 만병초, 석장포, 자금우, 개비자, 탱자나무, 현삼, 구기자 등이 있는데 무려 174종의 약용 식물이 자라고 있다고 합니다.

지리산의 특산품인 고로쇠나무와 거재수나무, 마가목과 같은 나무에도 신비한 약효가 있다 하여, 봄철이 되면 이런 나무들의 수액을 채취하려는 사람들이 많이 모여듭니다.

설악산은 남한에서 한라산, 지리산에 이어 세 번째로 높은 산입니다. 하지만 설악산은 이 중에서 가장 자태가 아름다운 산으로 손꼽힙니다.

설악산의 주봉은 대청봉인데, 그 높이가 해발 1708미터에 이릅니다. 설악산이라는 이름은 설악산이 일 년 중 다섯 달은 눈에 덮여 있기 때문에 '눈 덮인 산'이라는 뜻에서 붙여지게 되었다고 합니다.

설악산은 강원도 인제군과 양양군, 고성군, 속초까지 이어져 있습니다. 설악산은 크게 두 부분으로 구분되는데, 동쪽을 외설악, 서쪽을 내설악이라고 합니다. 또 남쪽을 일컬어 남설악이라고 부르기도 합니다.

설악산은 1970년 3월 24일에 국립 공원으로 지정되었습니다. 하지만 국립 공원으로 지정되기 이전에도 설악산은 '천연 보호 구역'으로 지정된 바 있습니다. 그리고 유네스코에서는 1981년 설악산의 경치와 생태계를 보호해야 한다는 생각에서 설악산을 '생물 보존 지역'으로 지정하기도 하였습니다.

설악산에는 806종의 식물이 살고 있다고 합니다. 그중에는 희귀 식물이 49종, 특산 식물이 64종, 일반 식물이 693종 있다고 합니다.

설악산의 봉우리들인 소청봉, 중청봉, 대청봉 부근에는 바람꽃, 범의꼬리, 가는다리장구채, 좀양지꽃, 산오이풀, 제비꽃, 바위송이, 금강초롱, 솜다리, 금낭화와 같은 고산 식물들

이 자라고 있으며 백작약과 같은 희귀 식물들도 있습니다.

중청봉으로 가는 길목에는 후박나무와 라일락이 향기를 뽐내고 있으며, 최근에는 월귤나무가 새롭게 발견되기도 하였습니다.

설악산에는 8종의 식물 군락이 있습니다.

설악산 대청봉의 남서쪽에 있는 오색약수 계곡에는 눈향나무와 전나무, 졸참나무, 까치박달과 같은 거목이 자라고 있으며, 황철나무가 무리 지어 살고 있습니다.

그리고 천불동 계곡에는 서나무 군락이 자리잡고 있으며, 대청봉 남쪽에는 사스레나무와 분비나무의 군락이 아름답게 어우러져 있습니다.

설악산 쌍룡 폭포의 서쪽과 천불동 계곡의 양쪽, 대청봉의 남쪽에서는 찝빵나무 군락이 자리잡고 있습니다.

찝빵나무의 잎사귀 뒤에는 흰가루가 묻어 있습니다. 찝빵나무는 휘발성 향기를 가지고 있어서 나무를 손으로 문지르기만

해도 강한 향기를 풍깁니다.

설악산의 중청봉과 대청봉 사이의 해발 1680미터 부근에는 눈잣나무가 군락을 이룬 채 자라고 있습니다. 눈잣나무는 어른의 허리 정도에 닿을 만한 키인데 땅에 기는 줄기로 자라납니다. 그러므로 설악산을 등반하는 사람들은 눈잣나무를 밟지 않도록 항상 주의해야 합니다.

또한 중청봉 서쪽의 해발 1700미터 부근에는 털진달래가 대군락을 이루고 있습니다. 진달래가 한창 피어 날 5월 초가 되면 이 지역은 마치 붉은 융단이 깔려 있는 것처럼 보입니다.

한라산이나 지리산, 설악산과 같은 명상이 아니더라도 우리나라의 산과 들에는 예로부터 갖가지 종류의 식물들이 자라 꽃을 피우고 열매를 맺었습니다.

우리의 땅을 지켜온 야생 꽃들은 서양의 꽃에 비하여 그 모양이 작고 빛깔도 화려하지 않습니다. 그러나 청초함과 향기, 꽃의 모양에 있어서는 외국의 그 어떠한 꽃도 따라오기 힘든 오묘함을 지녔습니다.

특히 우리 나라의 야생화들은 그 이름만 들어도 정겨운 느낌을 줍니다 또한 꽃에 따라서는 가슴 저린 전설이 담겨 있어서 듣는 사람의 마음을 뭉클하게 만들기도 합니다.

그러면 이러한 우리의 야생화에는 어떠한 것들이 있는지 살펴봅시다.

이른 봄이 되어 땅 위를 덮고 있던 얼음이 녹기 시작하면 제일 먼저 새싹을 틔우는 식물이 있는데, 이것이 바로 애기똥풀입니다. 애기똥풀은 4월부터 7월 사이에 노란색의 꽃을 피우는 양귀비과의 야생화입니다.

제비꽃은 오랑캐꽃, 병아리꽃 등으로 불리는데, 우리나라 전국의 들판에서 흔히 볼 수 있는 풀입니다. 봄철에 자주색의 꽃이 피는데, 어린순은 나물을 해 먹기도 합니다. 꽃말은 '나를 기억해 주세요' 입니다. 미나리아재비과의 여러해살이 풀인 할미꽃은 특히 무덤 주위에서 많이 발견되는 꽃입니다. 이 꽃에는 다음과 같은 슬픈 전설이 전해져 오고 있습니다.

옛날에 한 할머니가 살고 있었습니다. 이 할머니는 큰손녀와 살고 있었습니다. 큰손녀는 부자였지만 마음씨가 못된 여자였습니다. 큰손녀의 괄시를 견디다 못한 할머니는 가난하지만 마음이 착한 작은손녀에게 가서 살기로 결심했습니다. 그래서 작은손녀를 찾아가던 할머니는 너무 지쳐서 그만 고갯길에서 쓰러져 숨을 거두고 말았습니다. 사람들은 할머니가 쓰러진 자리에 무덤을 만들었습니다. 그랬더니 얼마 되지 않아 그 곳에서는 흰 솜털이 보송보송한 꽃이 피어났습니다. 그 꽃이 바로 할미꽃입니다.

할미꽃은 이른 봄에 피는 꽃으로 '슬픔', '추억'이라는 꽃말을 가지고 있습니다.

하백초라고 불리는 며느리밑씻개는 우리 나라 전국의 산과 들판에서 자라는 야생꽃입니다. 다른 이름으로는 며느리배꼽이라고도 하고 사광이풀이라고도 합니다.

며느리밑씻개는 여름에 주로 피는 꽃으로 가엾은 며느리를 구박하는 심술궂은 시아버지에 대한 전설이 어려 남아 있는

꽃입니다.

패랭이꽃은 축축한 땅에서 잘 자라는 야생화입니다.

패랭이꽃은 석죽화라고도 불리는데, 종류에 따라서는 꽃잎의 끝이 술을 이루며 갈라진 술패랭이와 구분되기도 합니다. 패랭이꽃도 7, 8월에 꽃을 피우는 여름 야생화입니다.

가을에 꽃을 피우는 야생초로는 용담을 꼽을 수 있습니다. 용담은 특히 제주도에서 많이 볼 수 있습니다. 8월부터 10월 사이에 짙은 보라색 꽃을 피우는 이 용담은 한약재로 쓰이기도 합니다.

우리 나라의 대표적인 토종 식물로는 칡을 빼놓을 수 없습니다. 칡은 뿌리부터 꽃잎까지 하나도 버릴 것이 없는 식물입니다. 어린 잎은 나물로 무쳐 먹거나 약으로 달여 먹기도 합니다.

또한 칡 뿌리는 오래 전부터 감기 몸살의 특효약으로 사용되고 있습니다. 그리고 칡의 꽃에는 술독을 풀어 주는 효능이 있다고 합니다.

게다가 가늘고 질긴 칡 뿌리는 물건을 묶을 때 아주 요긴하게 사용되기도 하였습니다. 특히 뗏목을 만들 때는 반드시 칡이 있어야만 했습니다. 칡은 좀처럼 끊어지지 않을 뿐만 아니라 물에 불어도 약해지거나 헐거워지지 않아 뗏목을 엮는 데는 안성맞춤이었던 것입니다.

우리 나라를 대표할 수 있는 또 하나의 토종 식물로는 소나무를 들 수 있습니다. 지금은 비록 외래 식물에 밀려 점점 그 숫자가 줄어들고 있지만, 얼마 전까지만해도 우리 나라 전역에서 가장 쉽게 눈에 띄는 나무가 바로 소나무였습니다.

소나무는 칡과 마찬가지로 뿌리에서부터 줄기, 잎, 꽃, 열매, 뿌리혹에 이르기까지 모든 것을 이용할 수 있는 천연의 약재입니다.

우리 나라에 있는 소나무의 종류는 크게 적송과 흑송, 백송으로 나눌 수 있습니다. 그 중에서 백송은 몇 그루가 남지 않아 천연 기념물로 지정되어 있습니다. 지금 우리 나라의 소나무는 적송과 흑송이 대부분입니다. 적송은 홍송이라고도 하고, 흑송은 해송이라고도 합니다.

이제는 우리 나라의 토종 동물들을 살펴봅시다.

우리 나라의 토종 동물 가운데 가장 대표적인 것으로는 토종개와 토종닭, 흑염소, 토종 물고기 등을 꼽을 수 있습니다.

먼저 우리 나라의 토종개에 대해서 알아봅시다.

우리 나라의 토종개라고 한다면 가장 먼저 진돗개가 떠오를 것입니다. 그리고 귀신을 쫓는다는 삽살개와 함경북도 풍산 지방의 특산물인 풍산개가 있습니다. 또 지금은 거의 찾아볼 수 없지만 제주도의 제주개도 순수한 우리 나라 토종의 동물이었다고 전해집니다.

진돗개는 1936년 일본 사람에 의해서 천연 기념물로 지정되었습니다. 그 뒤로는 해방 후 이승만 대통령에 의해서 본격적으로 보호받기에 이르렀습니다.

진돗개는 몸의 균형이 잘 잡혀 있고 암놈과 수놈의 구별이 확실합니다. 또 털이 누런 황구와 털이 하얀 백구로 구분됩니다.

진돗개는 첫 주인을 충성스럽게 섬기기 때문에, 진돗개를 기를 때면 아주 어린 강아지 때부터 데려다가 키워야 한다고 합니다. 만약 다 큰 진돗개를 데려오게 되면, 그 전 주인을 잊지 못하고 도망가는 경우도 있다고 합니다.

진돗개는 무척 용감하여, 멧돼지와 같은 맹수를 만나도 물러서지 않고 용감하게 덤벼듭니다. 이러한 진돗개의 용맹을 나타내 주는 이야기로 다음과 같은 이야기가 전해져 내려오고 있습니다.

임진왜란 때의 일입니다. 어떤 일본 사람이 우리 나라에서 호랑이를 생포했습니다. 그 사람은 살아 있는 호랑이를 일본으로 가지고 가려고 했습니다. 일본 사람은 우리 나라에서 지내는 하룻밤 동안 호랑이의 먹이로 진돗개 세 마리를 우리에 넣어 주었다고 합니다.

그런데 이튿날 아침의 우리에는 놀라운 일이 벌어져 있었습니다. 사나운 호랑이는 죽어 넘어져 있고, 먹이로 넣어 준 진돗개들은 비록 상처투성이가 되었지만 모두 살아 있었다는 것입니다.

이러한 이야기를 통하여 우리는 진돗개가 얼마나 용맹스러운 짐승인지를 짐작할 수 있습니다.

삽살개 역시 진돗개 못지 않게 의리와 지혜가 있는 우리의 토종개입니다.

삽살개와 관련된 이야기들은 신라 시대 때부터 전해져 내려옵니다. 특히 신라의 김유신 장군이 싸움터마다 삽살개를 군견으로 끌고 다닌다는 이야기는 너무나 유명합니다.

원래 삽살개는 궁중에서 귀하게 기르던 개였다고 합니다. 신라의 귀족들은 삽살개가 귀신을 쫓는다고 하여 무척 귀하게 여겼습니다. 그러던 것이 고려 때부터 일반 백성에게까지 널리 퍼져 너도 나도 기르게 되었다는 것입니다.

삽살개는 의리의 상징으로 일컬어지고 있습니다. 주인에게 충성스러워서 해가 질 무렵이면 동구 밖에 나가 주인을 기다리는 습성이 있습니다.

삽살개는 날렵하게 생긴 진돗개와는 달리 느릿느릿하고 어

수룩하게 생겼습니다. 하지만 수염을 길게 기른 신선이나 도사인 양 귀신에게서 인간을 지켜 주는 역할을 해 왔다고 전해집니다.

그러나 삽살개는 일제 시대를 거치면서 멸종의 위기를 맞았습니다. 진돗개는 일본의 개를 닮았다고 하여 천연 기념물로 지정되면서 우대를 받았지만 삽살개는 일본군의 도살의 대상이 되어 거의 대가 끊길 위기에 처했던 것입니다. 그리고 해방 후에는 몸집이 작고 예쁘장한 서양 개들이 많이 들어오면서 삽살개는 점점 사람들의 기억에서 잊혀져 갔습니다.

그러나 우리의 토종개에 대한 연구를 하던 세 사람의 동물학자에 의해서 산간 벽지에서 겨우 종족을 유지해가던 삽살개가 세상에 모습을 나타나게 되었습니다.

삽살개의 존재를 세상에 알린 사람들은 경북 대학교 수의학과 교수인 탁연빈 교수와 김화식 교수, 그리고 두교수의 스승인 하성진 교수 등이었습니다. 이들은 전국을 돌며 토종 삽살개 30여 마리를 수집하여 직접 길렀습니다. 그리고 이 과정에서 연구해 낸 사실을 바탕으로 하여 1972년도에 처음으로 삽살개에 관한 연구 보고서를 작성하였습니다. 이처럼 어려운 과정을 겪은 끝에 1992년이 되어서야 비로소 삽살개는 천연기념물 제368호로 지정되었습니다.

삽살개는 털빛이 누런 황삽살개와 털빛이 푸른 청삽살개로 나뉩니다. 수놈은 사자의 얼굴을 닮은 것이 잘생긴 삽살개로 취급됩니다. 그리고 몸체는 튼튼하고 등은 수평을 이루어야 하며, 발은 털에 싸여 있어야 합니다.

삽살개의 짖는 소리는 무척 굵고 우렁찹니다. 눈은 앞머리 털에 덮여 잘 보이지 않지만, 주인을 바라볼 때면 정이 듬뿍 담겨 있다고 합니다.

그 밖에도 북한에서 보호하고 있는 풍산개는 용감하고 행동이 날쌔 사냥개로 많이 이용됩니다. 풍산개는 짖는 소리가 아주 우렁차고 한번 발견한 사냥감은 절대로 놓치지 않는다고 합니다. 그래서 북한에서는 풍산개를 철책을 지키는 군견으로 배치해 놓았다고도 합니다. 풍산개의 털은 대부분 흰색이지만 가끔은 잿빛 털이 섞여 있는 경우도 있다고 합니다. 그리고 턱 밑에 조그만 혹이 나 있다고 합니다. 풍산개는 1942년 일제에 의해 천연 기념물로 지정되었습니다.

진돗개와 삽살개, 풍산개와 아울러 또 하나의 토종개인 제주개는 아주 멸종되어 버린 우리의 토종개입니다.

순수한 혈통의 제주개는 이마가 넓고 튀어나왔으며, 여우의 머리와 비슷한 모습을 하고 있었다고 전해집니다. 또한 다리가 가늘고 가슴은 넓으며, 긴 꼬리털을 항상 치켜세우고 있었다고 합니다. 제주개는 질병에 대한 저항력이 강하고 행동이 민첩하며 머리가 영리해서 사냥을 잘했었다고 전해집니다.

그렇다면 우리 나라의 토종닭은 어떤 모습을 하고 있을까요?

우리의 토종닭은 깃털에 검푸르스름한 빛이 돌고, 몸의 크기는 좀 작은 편에 속하지만 다부진 모양을 하고 있습니다.

토종닭은 고집이 세고, 먹이를 많이 먹지 않습니다.

그러나 운동량이 많아 고기가 질기면서도 씹을수록 고소한 맛이 나서 진미를 맛볼 수 있습니다. 토종닭은 가끔씩 날개를 펴고 2, 30미터씩 날아다니기도 합니다.

그 밖에 우리 나라의 토종 흑염소로는 특히 전라 남도 완도군 약사면의 것이 가장 유명합니다.

재래종 염소에는 흰염소와 흑염소의 두 가지 종류가 있는데, 그 중에서도 흑염소가 더 좋은 유전자를 가지고 있다고 합니다.

흑염소는 키우기가 아주 쉬워서 주로 어린이들이 방과 후에 돌보아 줍니다. 흑염소는 험한 바위를 거리낌없이 기어오르고, 산 속을 아무렇게나 돌아다니는 것을 좋아합니다.

염소는 무척 먹성이 좋은 동물입니다. 산과 들, 논과 밭에서 나는 갖가지 풀들은 물론, 심지어는 종이까지 마구 먹어 치웁니다. 그러므로 염소를 키우는 집에서는 항상 자기 집 염소를 줄로 매 놓아야 합니다. 그래야만 염소가 남의 집 밭으로 들어가 채소를 망치는 일이 없기 때문입니다.

염소는 들에 나가면 몸에 좋은 약초를 아주 잘 찾아내어 먹습니다. 흑염소로 유명한 전라 남도 완도군 약사면에는 삼지구엽초를 비롯한 여러 가지 약초가 많이 있는데, 염소들은 이러한 약초를 마음껏 뜯어먹고 자랍니다. 이처럼 사람의 몸에 유익한 성분을 많이 섭취하기 때문에 흑염소는 보약으로도 널리 이용되고 있습니다.

염소는 성질이 비교적 온순한 편이지만 고집이 세며, 조금만 화가 나도 뿔을 들이대는 등 괴팍한 성질을 나타내기도 합니다.

염소에게는 또 아주 재미있는 특성이 있습니다.

염소들은 여름이 되어 아주 무더울 때는 서로 몸을 찰싹 붙인 채 달라붙어 잠을 자고, 반대로 겨울이 되어 추울 때는 서로 멀찍이 떨어져 잠을 잡니다.

염소들은 왜 이런 습성을 갖게 되었을까요?

염소들은 여름이 되어 서로 멀찍이 떨어져 있으면 행여 상대방이 시원해질까 봐 심통을 낸다고 합니다. 그래서 상대방이 더워지라고 서로 몸을 맞대고 잔다는 것입니다. 겨울에는 이와 반대로 서로 몸을 붙이고 자면 상대방이 따뜻하게 될 것이기 때문에 이를 시기하여 서로 떨어져 잔다는 것입니다.

자기의 이익은 생각지도 않고, 남이 잘되는 것만 배아파한다는 것이지요. 그렇기 때문에 남이 잘되는 것을 못마땅해 하는 사람을 일컬어 '염소'라고 놀리기도 합니다.

하지만 이것은 사람들이 지어 낸 우스갯소리일 뿐입니다. 오히려 이러한 특징은 염소의 강인한 생명력을 나타내 주는 것이라고 말할 수 있겠지요.

토종개나 토종닭, 토종 염소에 비해서 우리 나라의 토종 물고기들은 거의 다 멸종되어 버린 상태입니다.

그 중에서도 가장 긴급하게 보호되어야 할 몇 가지 종류의 토종 물고기를 알아보면 다음과 같습니다.

점몰개는 물이 맑은 곳에 사는 민물고기인데, 생활 습성이 전혀 알려져 있지 않습니다. 점몰개는 1984년에야 발견된 종류로서 10센티미터 이상 되는 크기의 것들은 전혀 발견되지 않고 있으며, 겨우 5센티미터에서 7센티미터짜리들만이 간간이 발견되고 있습니다.

점몰개는 우리 나라에만 있는 특산종인데, 동해로 흘러가는 송천강과 영덕의 오십천, 그리고 회야강에서만 살고 있다고 합니다. 점몰개는 발견되는 수가 극히 드물어서 멸종 가능성이 매우 큰 민물고기입니다.

꾸구리는 강의 중상류쯤에서 사는데, 물이 맑고 바닥에 자갈이 깔려 있는 곳에서 주로 삽니다. 그리고 알을 낳는 5, 6월이 되면 여울이 있는 곳으로 이동합니다.

꾸구리는 하낭과 금강에서만 살고 있는 우리 나라 특산종이지만 수질 오염이 증가함에 따라 점점 감소하고있는 물고기입니다.

이쁜 것!
많이 먹어.
약초 같은 것을
나는 잘 찾아
먹어 치우지.

꾸구리는 아주 보기 드문 희귀종일 뿐만 아니라 학술적으로도 연구 가치가 높은 물고기이므로 하루빨리 천연 기념물로 지정해야 합니다.

돌상어는 꾸구리와 비슷한 종류이지만, 몸통이 원통형에 가깝고 입에 나 있는 네 방의 수염이 짧아서 꾸구리와는 쉽게 구분되는 물고기입니다.

돌상어는 물이 맑고 바닥에 자갈이 깔려 있는 곳에서 사는데, 물 속에 사는 곤충들을 잡아먹고 삽니다. 돌상어도 꾸구리처럼 한강과 금강에서만 삽니다.

충청 북도 옥천군과 영동군에서는 돌상어를 꽃고기라고도 부릅니다. 진달래꽃이 필 때면 돌상어가 모습을 나타내기 때문입니다. 돌상어 역시 우리 나라의 귀중한 특산종 민물고기이므로 잘 보호되어야 할 것입니다.

미호종개는 비교적 작은 몸집을 하고 있는데, 입에는 세 쌍의 수염이 나 있고, 물의 흐름이나 수압 등을 하는 감각 기관인 옆줄이 있습니다. 미호종개는 물의 속도가 느리고 바닥에 모래가 깔려 있는 얕은 곳에서 삽니다.

1984년에 발견된 민물고기인 미호종개는 금강에서만 찾아볼 수 있는 희귀한 물고기입니다.

이와 같이 사는 지역이 좁고, 아직 알려지지 않은 점들이 많기 때문에 멸종하지 않도록 우선적으로 보호해야 할 것입니다.

부안종개는 참종개에 가까운 민물고기인데, 겉모양으로도 쉽게 구별할 수 있습니다. 담황색을 띤데다가 몸의 양쪽 가운데 암갈색의 무늬가 있기 때문입니다.

부안종개는 물이 맑고 바닥에 자갈이나 모래, 바위 등이 깔려 있는 곳에서 삽니다. 어린 새끼는 모래 바닥에서 살고, 5센티미터 이상 되는 크기의 것들은 주로 자갈이나 바위 바닥에서 삽니다. 부안종개는 전라 북도 부안군 백천의 상류에서만 사는 우리 나라의 특산종입니다.

꼬치동자개는 동자개 종류의 민물고기 중에서 가장 몸집이 작습니다. 꼬치동자개는 몸이 굵고 짧은데, 비늘이 없는 물고기입니다. 그리고 가슴지느러미에 나 있는 가시에는 톱니가 달려 있습니다. 물이 맑고 바닥에 자갈이 깔려 있는 곳에서만 삽니다.

꼬치동자개는 낮에는 주로 돌 밑에 숨어 잠을 자고 밤에 활동을 하는 야행성 물고기입니다. 낙동강에서만 발견되는 꼬치동자개는 그 수가 매우 적어서 금방이라도 멸종해 버릴지 모르는 희귀종 물고기입니다.

종어는 이미 멸종되어 버린 물고기입니다. 종어는 큰강의 하구나 물이 탁한 곳에서 살던 고기입니다. 바닥에 진흙이 깔려 있는 곳을 좋아하는 종어는 육식성 먹이를 좋아합니다. 그리고 여러 마리가 한데 모여 물 속 깊은 곳에서 겨울잠을 자는 물고기입니다.

종어는 한강과 임진강, 금강 하류 등에서 살았지만, 고급 음식 재료로 쓰였기 때문에 사람들이 마구 잡아들여 지금은 그 어디에서도 모습을 찾아볼 수 없는 물고기입니다. 종어는 우리 나라에만 있는 특산종은 아니지만, 우리 나라에서 흔히 볼 수 있는 물고기였습니다.

종어는 중국에 많이 분포되어 있습니다. 그러므로 이제라도 중국에서 종어를 들여와 다시 우리 나라에서 자리를 잡고 살도록 해주어야 할 것입니다.

서호납줄갱이 역시 종어처럼 멸종된 민물고기입니다. 서호납줄갱이는 각시붕어보다는 크고, 흰줄납줄개보다는 작았다고 전해집니다. 그러나 모양은 각시붕어와 비슷했습니다.

서호납줄갱이에 대한 연구는 아무것도 이루어지지 않았습니다. 다만 알을 조개에다 낳았다는 사실만 알려져있을 뿐입니다.

서호납줄갱이는 수원에 있는 서호에만 살았던 우리나라 특산종입니다. 그러나 1935년 서호의 둑을 고치기 위해서 물을 모두 뺐을 때 두 마리를 잡을 수 있었을뿐, 그 이후에는 서호납줄갱이를 보았다는 사람이 없습니다.

우리 나라의 산과 들에는 수많은 곤충들이 살고 있는데, 그 중 대표적인 것들을 살펴보면 다음과 같습니다.

어리호박벌과 칠성무당벌레, 큰허리노린재, 빌로드재니등에, 남색초원하늘소, 끝검은말매미충, 푸른부전나비, 배짧은

꽃등에 등은 들판에서 주로 살던 곤충들입니다. 그러나 무분별한 농약과 비료의 남용으로 인해서 이러한 곤충들은 점점 멸종되어 가고 있습니다.

이에 비해서 청띠신선나비나 풀색꽃무지, 왕세줄나비, 북방풀노린재, 삼하늘소, 장수말벌, 털두꺼비하늘소, 좀사마귀, 끝검은메뚜기, 노란띠하늘소 등은 우리 나라의 산에서 주로 사는 곤충들입니다. 또한 무늬하루살이나 노랑다리강도래, 좀청실잠자리, 애반딧불, 검은물잠자리등은 주로 시냇가에서 삽니다.

우리 나라에는 총 57종의 텃새가 살고 있는데, 이들은 사람이 사는 인가 주변이나 논과 밭, 산림, 습지, 바닷가나 섬 등지에서 살고 있습니다.

사람이 사는 인가 주변에서 살고 있는 새들은 참새나까치, 방울새, 굴뚝새, 황조롱이, 멧비둘기, 딱새, 노랑턱멧새, 멧새, 때까치, 종다리, 동박새, 양비둘기, 꿩, 말똥가리, 까마귀 등이 있습니다.

산림에 사는 텃새로는 박새와 진박새, 쇠박새, 곤줄박이, 동고비, 붉은머리오목눈이, 어치, 물까치, 오목눈이, 오색딱따구리, 직박구리, 큰오색딱따구리, 아물쇠딱따구리, 청딱따구리, 쇠딱따구리, 까막딱따구리, 크낙새, 들꿩, 올빼미, 수리부엉이, 검독수리, 큰부리까마귀 등이 있습니다.

습지에 사는 텃새로는 논병아리와 흰뺨검둥오리, 백할미새, 원앙이, 왜가리 등이 있습니다.

바닷가나 섬에 사는 텃새로는 괭이갈매기, 바다직바구리, 가마우지, 매, 재갈매기, 흰꼬리수리, 검은머리물떼새, 섬참새, 흑로, 울도큰오색딱따구리, 흑비둘기, 바다쇠오리 등이 있습니다.

자연과 생태계 보존을 위한 세계인의 노력

산업화를 먼저 이룩한 선진국에서는 환경의 중요성을 우리보다 훨씬 먼저 깨달을 수 있었습니다. 앞서 가는 선진 문명에 가리웠던 환경 파괴의 심각성이 그만큼 빨리 드러났기 때문입니다.

특히 세계적으로 생물 다양성이 감소하는 현상은 인류의 미래에 어두운 그림자를 안겨 주는 것으로 지적되었습니다. 이것은 바로 인간 스스로 저지른 잘못 때문에 일어난 일입니다. 그래서 하루라도 빨리 원래 상태대로 자연을 복구하는 일이 가장 중요하다는 데에 세계 여러나라 사람들의 의견이 모아졌습니다.

그래서 이제는 자연과 환경을 보존하는 일이 국가에만 주어진 숙제가 아니라, 세계인 모두가 함께 풀어야 하는 문제로 생각되기에 이르렀습니다.

이러한 생각을 가지고 있는 세계인들이 모여 하나뿐인 지구의 환경을 보호하기 위해서는 어떠한 노력을 어떻게 기울여야 할 것인가에 대해 토론하고 연구하는 회의를 벌였습니다. 이와 같은 회의를 통하여 세계적으로 협조하는 자연과 환경 보호의 고리가 쥐어지게 된 것입니다.

1972년 스톡홀름에서 개최된 유엔 인간 환경 회의에서 유엔 인간 환경 선언을 채택하였습니다. 이 선언에서 사람들은 생물 다양성의 중요성을 강조하고 있습니다.

하지만 생물 다양성을 보존하는 일은 결코 쉬운 일이 아닙니다. 생물은 자연 환경 속에서 보금자리를 꾸미며 살아가는 존재이기 때문입니다.

그렇기 때문에 생물을 보존한다는 것은 자연 환경을 오염에서 보호하고, 생물들이 활동할 수 있는 자연의 상태를 보존해 준다는 것을 뜻합니다.

그래서 유엔 인간 환경 선언에서는 "공기와 물, 토지, 동식물, 그리고 자연 생태계를 구성하는 대표적인 종자는 우리 세대와 미래의 후손들을 위하여 반드시 적절한 계획과 관리를 통하여 보존되어야 한다."고 정해 두고있습니다.

또한 1982년에는 유엔에서 세계 자연 헌장이 채택되었습니

다. 여기에서는 “자연은 존중되어야 하고, 자연의 필수적인 과정은 훼손되어서는 안 되며, 지구의 유전적 생명 역시 희생되어서는 안 된다.”고 규정하고 있습니다.

또한 “지구의 육지와 해양 등 모든 지역은 보전 원칙에 따라서 관리되어야 하며, 독특한 지역, 대표적인 생태계, 그리고 희귀하고 멸종 위기에 처한 종자의 서식지는 특별히 보호되어야 한다"고 정해 두었습니다.

1992년에는 리우에서 유엔 환경 개발 회의가 개최되었는데, 여기서는 환경과 개발에 관한 리우 선언이 채택되었습니다.

하지만 이러한 선언이나 규정 등은 강제력을 가지고 있는 것이 아닙니다. 환경 보존과 자연 보호는 어느 누가 강제로 시킨다고 해서 이루어지는 일이 아니기 때문입니다.

다만 이러한 국제적인 모임에서는 각 나라에서 환경을 보호하고 자연을 지키는 데 길잡이가 될 만한 방법을 가르쳐 주는 것에 불과합니다.

1970년대에 체결된 세계적인 자연 보호 협약으로는 본 협약과 람사르 협약, 유네스코 협약 등이 있습니다. 람사르 협약은 1971년에 체결된 협약으로서, 물새의 서식지로 중요한 습지를 잘 보호하자는 협약입니다.

1972년에는 세계 문화 자연 유적 보호 협약이 체결되었는데, 이 협약은 세계 각국이 가지고 있는 문화 유산과 자연을 보호하자는 내용으로 되어 있습니다.

특히 개발 도상국에서는 경제 발전과 산업 부흥만을 생각한 나머지, 귀중한 문화 유산의 가치를 미처 생각하지 못하고 마구 훼손할 위험이 있습니다.

인류의 문화 유산은 자연 환경과 마찬가지여서, 한번 훼손되면 원래의 상태 그대로 복구되지 않습니다. 그러므로 이러한 조약을 통하여 미리 문화 유산에 대한 보호 의식을 강화시키는 것입니다.

1973년에는 멸종 위기에 처한 야생 동식물의 국제 거래에 관한 협약이 채택되었습니다. 모피나 악어 가죽처럼 야생 동물을 재료로 삼는 제품을 가지고 이루어지는 국제 무역은 자연 보호에 역행하는 가장 큰 원인이 되고 있기 때문입니다.

이러한 자연 훼손 행위를 막기 위해서 야생 동식물의 국제 거래에 관한 협약이 채택된 것입니다.

1979년에 채택된 본 협약은 이주성 야생 동물 종자의 보전에 관한 협약입니다. 즉 먹이를 따라 이동하는 동물을 보호하기 위해서 세계 여러 나라가 함께 노력하고 힘쓰자는 내용입니다.

1992년에 채택된 리우 회의에서는 지구상의 생물 다양성을 유지하고 보존시키기 위해서 세계 여러 나라가함께 노력해야 한다는 내용을 담고 있습니다. 지구 위의 생물은 어느 한 국가의 소유가 아닙니다. 그것은 지구인 전체가 아끼고 보호해야 할 공동의 자원인 것입니다.

우리 나라도 이제는 경제 발전보다 환경 보존을 위해서 보다 더 적극적으로 노력해야 할 때가 되었습니다. 우리 나라의 환경 오염 문제는 무척 심각한 상태에 있으며, 우리 나라의 많은 생물들이 멸종의 위기에 놓여있는 실정입니다. 그럼에도 불구하고 우리 나라의 생물다양성 보존 현실은 아주 낙후되어 있습니다.

그 이유는 무엇 때문일까요?

가장 중요한 이유는 우리 국토에 살고 있는 생물들의 실태가 미처 조사되어 있지 않다는 것입니다.

그것은 우리가 지금까지는 경제 발전만을 우선적인 목표로 생각해 왔기 때문입니다. 즉 식물이나 동물의 현황을 조사하는 일 같은 것은 별로 중요하지 않게 여겨져서 자꾸만 뒤로 미루어져 온 것입니다.

지금까지 우리 나라에서는 우수한 인재들은 모두 기계나 건축, 전기 등 경제와 산업 발전의 요소 요소에 종사하는 것만이 보람 있는 일인 것처럼 생각되어 왔습니다. 그래서 우리 나라의 국토를 보존하고, 동물과 식물의 상태를 조사하는 일 따위는 아주 하찮은 것으로 생각되었던 것입니다. 결국 그 동안에는 아무도 생물의 상태를 조사하는 일에는 신경을 쓰지 않았습니다.

그러나 이제는 달라져야 합니다.

국가적인 차원에서도 깨끗하고 푸른 자연 환경을 만들기 위해서 노력해야 할 것입니다. 그리고 많은 사람들이 우리 나라의 생태계를 조사하고 연구하는 일을 가치있게 생각해야 합니다. 그래서 환경과 생태계를 보존하는 일을 담당할 우수한 사람들이 늘어나야 합니다.

또한 환경 보호나 생태계 보존 등은 전문가들에게만 맡겨진 일이 아니라는 사실을 우리 모두가 명심해야 합니다. 진정한 생태계 보존은 쓰레기 하나라도 함부로 버리지 않는 작은 일에서부터 출발합니다.

우리들 모두는 자연에서 우리와 함께 더불어 살아가고 있는 작은 생명 하나라도 내 목숨처럼 귀하게 여길줄 알아야 합니다. 아무리 하찮은 생명이라 할지라도 자연의 생태계 안에서는 위대하고 훌륭한 역할을 맡고 있기 때문입니다.

인류의 식량을 생산해 내는 농사 방법도 바뀌어야 할 것입니다. 즉 농약과 비료와 같은 화학 약품을 사용하지 말고, 자연의 상태에서 존재하는 천연 자원과 생물을 이용하여 곡식과 채소를 가꾸는 일을 꾸준히 연구해야 합니다.

이와 같이 자연의 상태에서 배출되는 퇴비와 해충을 잡아먹는 천적을 잘 연구하여 농사에 이용한다면, 인간과 생물은 더 이상 화학 약품 때문에 피해를 입지 않아도 될 것입니다.

또한 우리들은 올바른 음식 습관과 운동을 통하여 건강을 유지하려고 노력해야 합니다. 몸이 아프다고 해서 함부로 약을 사 먹는 일은 건강에 아주 해롭습니다.

약을 먹어야 할 경우에는 의사나 약사의 정확한 진단을 먼저 받아야 합니다.

국가에서는 경제 발전과 산업 부흥 계획을 다시 한번 점검해 보아야 할 것입니다.

지금까지는 환경의 파괴와 생태계의 붕괴를 전혀 생각하지 않고, 오로지 경제 부흥을 위해서만 국토의 개발계획을 세워 온 것이 사실입니다.

그러나 이제는 눈앞에 보이는 인간의 이익만을 위해 개발할 것이 아니라, 인간과 동식물이 함께 살아갈 수 있는 푸른 국토 환경을 만들어 가는 데 노력해야 할 것입니다.

어린이 여러분들이 할 수 있는 자연 보호에는 어떤 일들이 있을까요?

먼저 쓰레기를 정확히 분리하여 정해진 장소에 버리고, 모든 물건은 아껴 씁시다. 공책 한 장, 연필 한 자루를 만들기 위해서는 우리 국토에 있는 나무를 베어야하고, 그것만으로는 모자라서 외국의 나무까지 수입해와야 하는 실정입니다.

그러므로 어린이 여러분들이 학용품을 아껴 쓰는 것 하나

어린이 여러분들이 할 수 있는
자연 보호에는 어떤 일들이 있을까요?

만으로도 아주 커다란 자연 보호 운동이 실천되는 것입니다.

환경 보호 운동에 관심이 많은 어린이라면, 자기가 사는 지역에서 만들어지고 있는 환경 보호 단체에 참가하는 것도 보람 있는 일이 될 것입니다. 환경 보호 단체에서는 환경 보호에 앞장설 뿐만 아니라, 환경의 중요성을 깨닫지 못한 사람들의 비양심적인 행동을 감시하는 일을 합니다.

그러므로 우리 나라 국민 모두가 이러한 여러 가지 환경 보호 운동에 적극적으로 참여한다면 우리 나라의 환경과 자연은 빠른 속도로 회복될 것입니다. 그렇게 되면 공해에 찌든 구름 밑에서 가쁜 숨을 몰아 쉬며 시름시름 앓아 가던 우리 나라의 생물들도 큰 힘을 얻고 싱싱하게 되살아날 것입니다.

생태계 교란 야생 생물

뉴트리아
쥐목 카프로미스과의 포유류. 늪너구리라고도 한다. 몸길이 40 48 cm, 꼬리길이 약 35 cm이다. 하천이나 연못의 둑에 구멍을 파고 군집을 이루어 생활한다. 먹이는 수중식물의 잎과 뿌리, 작은 곤충 등이며, 헤엄을 잘 친다. 임신기간은 2 3개월이고, 한배에 5 10마리의 새끼를 낳는다. 새끼들은 2 3일이면 부드러운 먹이를 먹으며 헤엄도 칠 수 있다. 수명은 약 10년이다. 현재 우리나라에서는생태계 교란 야생생물로 지정되어 관리 규제하고 있다.

붉은귀거북
공식명칭이 붉은귀거북인 '청거북'은 미국 미시시피 계곡 일대가 원산지로 성체의 등길이는 보통 12-20㎝이나 최대 28㎝에 달하는 것도 있다. 3,4급수의 수질에서도 잘 생존하는 등 생명력이 강하다.또 수명도 20~50년에 이르지만 국내에는 천적이 없어생태계 교란 주범 중 하나로 지목돼, 2001년 12월 '생태계 위해 외래동식물'로 지정되어 수입이 금지되었다

큰입배스
요약농어목 검정우럭과의 민물고기로 환경부가 지정한 생태계 교란어종 중 하나 강한 육식성으로 인해 토종어류와 그 알, 치어 등을 잡아먹는 포식자로서 경쟁자가 별로 없어 생태계의 질서를 교란시키고 있는 어종이다. 1998년 황소개구리, 블루길과 함께 환경부에서 생태계 교란 생물로 최초 지정한 생물이다.

생태계 교란 야생생물

생태계에 교란을 일으키거나, 교란을 일으킬 우려가 있는 야생생물을 말한다. 번식력이 강한 외래종은 자연생태계에 유입되면서 토종서식지를 잠식하여 생태계의 균형을 깨고 종의 다양성을 떨어뜨리는 등 심각한 문제를 일으킬 수 있다.

황소개구리

성질은 사납고 식성은 게걸스러우며, 습성상 작은 뱀을 잡아먹기도 한다. 우리나라 토종 개구리와는 습성이 전혀 다르며, 크기도 훨씬 크다.

블루길

몸길이 10 33cm, 몸무게 340 450g 이다. 캐나다 동부, 미국 동부, 멕시코 북동부 등 북아메리카 동부 지방이 원산지인 외래어종이다.캐나다 동부, 미국 동부, 멕시코 북동부 등 북아메리카 동부 지방이 원산지인 외래어종이다. 한국의 경우 징거미새우나 작은 물고기 등을 닥치는 대로 잡아먹어 토종물고기를 급격히 감소시키고 생태계의 균형을 무너뜨리는 주범이다.

꽃매미

성충은 몸길이 14~15mm, 날개 편 길이 40~50mm이다. 앞날개는 연한 회색빛을 띤 연한 회색빛을 띤 갈색이며, 기부의 2/3 되는 곳까지 검고 둥근 점무늬가 20여 개 있다. 뒷날개는 빨간색이다. 약충은 등에 빨간 줄무늬가 4개 세로로 나 있으며, 흑색 점이 14개 있다. 포도나무에 크게 피해를 주는 꽃매미 피해면적은 2006년에는 1ha, 2007년에는 91ha, 2008년에는 2,765ha로 급증했다.

가해작물: 포도, 배, 복숭아, 사과, 매실 등

도전 리틀과학자
토종생물과 외래생물

2015. 3. 3 인쇄
2015. 3. 5 발행

글 대한과학진흥회
그림 정동철
펴낸이 신 주 황
펴낸곳 스완미디어
등록 제2-4534호
주소 서울시 중구 만리동2가 12-33 태영빌딩
홈페이지 www.dollplaybooks.com
대표전화 02) 393-0026
팩스 02) 312-8349

ISBN 978-89-92565-75-2
ISBN 978-89-92565-70-7 (SET)

값 9,800원